Le yorkshire terrier

Remerciements
L'auteur souhaite particulièrement remercier la Société centrale canine pour toute la documentation fournie, Liliane Davy pour la confiance qu'elle lui a accordée en lui faisant présenter ses chiens en expositions canines et le photographe Gad pour les clichés prêtés.

Direction éditoriale
Hervé Chaumeton, Philippe Coppé

Coordination éditoriale
Muriel Maroussie, Liza Person

Relecture
Catherine Schram

PAO
Nathalie Lachaud

Photogravure
Stéphanie Henry, Chantal Mialon

ISBN : 978-2-84416-269-4
N° d'éditeur : 84416
Dépôt légal : mars 2005

Achevé d'imprimer : février 2010
Imprimé en Chine par Toppan Leefung

Le yorkshire terrier

Alain Bobek

ARTÉMIS ÉDITIONS

Sommaire

Introduction 6-7

Généralités 8-43

L'histoire du yorkshire terrier 10-21
Le standard 22-33
Le caractère du yorkshire terrier 34-39
L'utilité du yorkshire terrier 40-43

Bien vivre avec son yorkshire terrier 44-93

L'éducation du yorkshire terrier 46-57
La santé du yorkshire terrier 58-73
L'alimentation du yorkshire terrier 74-83
L'entretien du yorkshire terrier 84-89
Les papiers du yorkshire terrier 90-93

Pour aller plus loin 94-135

Le club de race 96-99
Les expositions et le yorkshire terrier 100-113
L'élevage du yorkshire terrier 114-135

Annexes 136-137
Adresses utiles 138
Bibliographie 139
Index 140-143

Introduction

J'ai lu avec un intérêt passionné ce livre que vous avez écrit.
Un tel ouvrage sur la race que nous promouvons et défendons mérite notre admiration et je vous fais mes plus sincères compliments.
Un nouveau livre bien documenté intéressera, j'en suis sûre, les amoureux déjà convaincus et les autres qui, grâce à vous, tomberont sous le charme.

Liliane Richard
Présidente du Club français du terrier du Yorkshire

Généralités

L'HISTOIRE DU YORKSHIRE TERRIER

Les ouvrages et documents anciens sur les origines du york sont rares. C'est très certainement ce qui explique qu'il existe de nombreux historiques, différents et très souvent controversés.

Les origines de la race

> Une origine britannique

Une chose est sûre, le york est d'origine britannique, ses ancêtres sont des terriers chasseurs de rats et d'autres animaux de petite taille. Ce sont le climat et la situation géographique qui détermineront la texture du poil de ce chien. Ainsi dans les régions froides et rocheuses, on verra apparaître une texture rude, solide et très épaisse, dans les régions humides les « chiens d'eau » auront un poil ondulé et bouclé.

Les terriers sont quasiment une invention britannique. Ils sont de petite taille, ont un caractère affirmé, une mâchoire solide et une dentition parfaite.

> Avant notre ère

Bien que nous manquions de renseignements sur leur présence avant les années 1800, il est dit que, dès le IIe siècle avant notre ère, Appier, écrivain latin, mentionnait un petit chien qu'il nommait « Agasse » provenant de Bretagne (Grande-Bretagne). D'une façon plus sûre, le témoignage de Pline l'Ancien évoque – deux siècles plus tard – ces « petits chiens qui poursuivent leur proie presque dans le sous-sol » que les légions romaines avaient trouvés en débarquant sur le sol anglais.

> Une première classification

Il semble que le mot « terrier » ait été employé pour la première fois par Gage de la Bigne, en 1359, un poète normand qui accompagnait le roi de France Jean le Bon à Londres lorsque celui-ci fut vaincu à Poitiers. Les premières descriptions du travail des terriers sont britanniques.

C'est John Keys, connu également sous son nom latinisé de Johannes Caius, qui fut l'auteur en 1570 de la première classification canine. Médecin de la reine Élisabeth Ire, ses compétences en matière de chiens devaient être célèbres à l'époque, puisque le savant naturaliste allemand Konrad Gessner lui demanda d'établir une classification des chiens pour compléter sa monumentale *Historia Animalium*. Ce qui laisse à penser que, dès la Renaissance, la suprématie britannique en matière de chiens était consacrée !

> Le travail du terrier

Dans sa nomenclature, John Keys classe les terriers ou *terrarius* parmi les chiens nobles. Il écrit : « Nous les appelons terriers parce qu'ils s'insèrent dans le sol en épouvantant, en excitant et en mordant le gibier, jusqu'à ce qu'ils le réduisent en morceaux avec leurs dents, au sein même de la terre, ou bien ils le tirent de force des méandres obscurs des humides tanières et des cavernes fermées ; ou encore, ils lui font une telle peur qu'ils le poussent à quitter soudainement le refuge pour en chercher un autre qui ne soit pas attaqué ; et l'animal, renard, blaireau ou autre, se trouve finalement pris au piège dans les instruments et filets disposés à cet effet à côté de l'ouverture du terrier. »

> La description physique

S'il n'y a pas de description physique de ces terriers, c'est que le public s'intéressait surtout à la façon de chasser et au tempérament typique de ces chiens. Cet ouvrage, traduit en anglais dès 1576 par Abraham Flemming, fut réédité jusqu'à la fin du XIXe siècle.

Aristote (383-322 av. J.-C.) décrivit les petits chiens maltais au poil long, soyeux, doux et mince, en rapport, bien sûr, avec le climat méditerranéen. John Keys parle de ces chiens au poil doux, fin, soyeux, long, tombant de chaque côté du corps, presque jusqu'à terre, dans son livre *Canibus Britannicis.* La description physique des terriers se trouve plus élaborée dans l'ouvrage de George Tuberville, *Noble art de la vénerie ou chasse à courre,* écrit en français et datant de la même époque (1575). Cependant, John Keys fit aussi le portrait peu flatteur d'un terrier écossais : « On nous a présenté un roquet bâtard venu des régions barbares du Nord qui, du fait de la longueur de son poil, ne montre ni sa face ni son corps. » Ne s'agirait-il pas d'un skye ?

> La naissance du york

• Deux types de terriers

En 1837, Thomas Bell, dans son livre *History of British Quadrupedes,* indiquait que l'on ne pouvait distinguer que deux types de terriers : l'un généralement à poil court et lisse, doté d'une silhouette assez élégante, d'un museau pointu, d'une robe noir et feu ou blanche ; l'autre à poil nettement hirsute aux teintes variées, aux membres courts et à la stature solide.

• À l'origine du york

Nous sommes en droit de penser qu'ont contribué à la naissance du york le cairn terrier, le dandie-dinmont si bien décrit par sir Walter Scott en 1814, le skye terrier élevé pendant plus de trente ans par la reine Victoria (et décrit, en 1773, par le Dr Johason, au cours d'une chasse, comme un petit terrier au poil long très doux et affectueux avec l'homme et féroce avec les loutres et belettes) et le clydesdale ou paisley terrier, qui tire son nom de la filature voisine et est présenté en exposition en 1902. Les spécimens de cette dernière race appartenaient à des mineurs et à des ouvriers qui, au XIXe siècle, vivaient dans la région bordant le Clyde en Écosse et aimaient les emmener chasser. C'est M. H. F. Whiteh Ead qui nous fait connaître un peu mieux cette race décrite comme un skye terrier à poil souple dont la couleur est bleu acier brillant et uni, et la tête, les pieds et les membres, d'un feu doré, ce qui n'est pas sans nous rappeler, en partie, le standard actuel du terrier du yorkshire, le petit chien maltais décrit par Aristote et John Keys.

• La révolution industrielle

Un autre élément allait favoriser la naissance du york. En effet, la révolution industrielle allait pousser les travailleurs de l'industrie lainière à quitter l'Écosse pour rejoindre le Yorkshire où cette activité battait son plein. Bien sûr, ils emmenèrent avec eux leurs chiens, qui ne tardèrent pas à s'accoupler avec leur congénère du Yorkshire, le broken-haired terrier, chien de petite taille, pas plus gros qu'un furet, d'un poil court et soyeux de couleur noir et feu. Leur poil causait d'ailleurs quelques problèmes aux braconniers qui, lors d'une fuite précipitée, étaient contraints d'abandonner leurs chiens, faute de pouvoir les attraper car ils glissaient entre leurs mains.

• L'alliance

C'est ici que va intervenir, par alliance, le petit ratier maltais décrit précédemment, la longueur de ses poils allait régler le problème des braconniers : le york était né. Cette race conservera les fonctions habituelles de terrier et sera d'un aspect agréable.

> Un succès immense

Les gens du Yorkshire pressentirent immédiatement qu'ils avaient trouvé une race de chien qui pouvait les enrichir, c'est pourquoi ils gardèrent le secret de ces croisements.

Ce petit chien se révélait être un excellent travailleur et convenait, d'une part aux mineurs ravis d'avoir un chien remarquable pour l'élimination des rats à la mine, d'autre part aux braconniers qui possédaient là un petit chien pouvant se glisser dans les terriers les plus étroits ainsi que dans leurs poches ou gibecières. Mais l'immense succès des yorks sera surtout le fruit des expositions, notamment celle de Birmingham en 1860, où ils concoururent dans la classe des « terriers miniatures ». Ils furent inscrits aussi sous les noms de « scotch terrier » et de « broken-haired terrier ».

> Le premier Kennel Club Stud Book

Aucune archive officielle n'existera avant 1874, année de création par M. Frank Pearse de Faversham du premier Kennel Club Stud Book. Ce n'est qu'à partir de cette date qu'il devient possible d'étudier le développement de la race. Ainsi, nous savons que le grand raceur du yorkshire s'appelait Huddersfield Ben. Ce reproducteur reconnu fut l'un des premiers chiens officiellement enregistrés. Il a été produit en 1865 par M. W. Eastwood de Huddersfield et appartenait à M. A. Foster. Il a obtenu 74 prix au cours de diverses expositions. Il était le père de nombreux champions dont Ted, propriété lui aussi de M. Foster, qui rafla 265 premiers prix. Sa progéniture ne fut pas en reste : Halifax Marvel dit Teddy d'Aspinall en est la preuve. Il produisit aussi Monarch en 1893.

> Le fruit d'un travail assidu

Ne nous y trompons pas, le succès du york en exposition est dû, bien sûr, à sa petite taille, mais aussi à son aspect. Celui-ci est le fruit d'un travail assidu des producteurs propriétaires qui les élevaient, en général, au sein de leur cuisine, dans les placards du bas transformés pour l'occasion en niche, et entretenaient leur robe avec diverses graisses et cendres en les enveloppant dans des chiffons.

> Création du Kennel Club britannique

Le Kennel Club britannique (l'équivalent de la Société centrale canine en France) fut créé en 1873. Cette même année, Angus Sutherland donnera à ce petit chien le nom de yorkshire terrier, en référence à sa région natale. En 1894, B. Rawsob décrit Albert, le yorkshire du juge éleveur, M. Peter Eden de Manchester, comme un chien aux oreilles tombantes. Par la suite, les oreilles des yorkshires furent taillées. Ce n'est que bien plus tard que le york portera, dressées sur la tête, de petites oreilles en « V », et ce le plus naturellement du monde. Albert fut le premier chien enregistré au Kennel Club Stud Book et demeure l'un des ancêtres du plus prestigieux york : Huddersfield Ben (1865-1871).

Repères historiques

1859 : première exposition au Townhall de Newcastle.

1860 : exposition de Birmingham, classe des « terriers miniatures ».

1865 : naissance de Ben reconnu comme le « fondateur » de la race.

1874 : création du Kennel Club Stud Book (archives officielles sur la race).

1872 : introduction du yorkshire aux États-Unis.

Juin 1881 : première exposition de yorkshires en France.

1882 : création de la Société centrale canine (SCC).

1885 : création du Livre des origines français (LOF).

1886 : le Kennel Club reconnaît la race « yorkshire terrier ».

1.7.1890 : naissance du premier yorkshire LOF : Ted.

1894 : 28 yorks sont enregistrés au Kennel Club.

1898 : enregistrement du standard et création du Yorkshire Terrier Club en Grande-Bretagne.

1914 : la SCC est reconnue d'utilité publique.

1953 : création du Club français du terrier du Yorkshire.

> Le standard officiel

Ce n'est qu'à la fin du siècle que la race sera fixée : le yorkshire est alors fin prêt pour les expositions. À l'époque, le poids du york variait de 2,250 à 6,750 kg, la couleur était bleu acier avec des marques feu.

Il faudra attendre 1898 pour que le standard officiel soit établi, à la suite de la création du Club du yorkshire, la même année. Il faut pré-

ciser que la plupart des points de ce standard étaient déjà approuvés et respectés depuis plus de cinquante ans.

Ses débuts cynophiles

> Les premières expositions

En 1860, le yorkshire terrier fut exposé à Birmingham dans des classes spécifiques pour terriers écossais ou broken-haired terriers. Ce fut un début fulgurant pour cette race qui venait à peine de naître. Nous savons que la première exposition eut lieu en 1859 au Townhall de Newcastle. Il a vraiment du « charme » le york, car avoir un tel succès à une époque où de nombreux chiens ne devaient leur existence qu'à une utilité incontestable relève de l'exploit. Le york va suivre son chemin et se faire un nom en 1873 : celui de yorkshire terrier.

> Le premier standard

En 1904, le comte Henri de Bylandt communique le standard dans son ouvrage *Les Races de chiens :*

Aspect général : chien de dame et de salon, abondamment couvert de poils longs qui retombent également de chaque côté du corps, et sont séparés par une raie qui va du nez à la queue. C'est un chien plutôt trapu, bien fait et plein de coquetterie. Il se tient sur le qui-vive avec un air important. Bien que ses formes soient cachées par son manteau, sa conformation est celle d'un chien vigoureux.

Tête : elle est assez petite. Les deux côtés de la tête sont cachés sous un poil très long de couleur feu, mais d'une nuance plus sombre que sur le front ; le crâne est petit et plat, pas bombé, ni trop pointu, ni trop rond. Le museau est assez large, le poil très long d'une couleur feu, riche et profonde, jamais gris ni noir. Sous le menton le poil est long et de la même couleur que le front, soit feu vif et doré, à laquelle ne se mêlent jamais de poils noirs.

Yeux : de grandeur moyenne, ils sont foncés. Le regard est vif et intelligent. Les yeux regardent droit devant, ne sont pas proéminents et ne sont visibles que lorsque les poils se soulèvent. Les paupières doivent être soulignées d'un liseré foncé.

Truffe : elle est parfaitement noire.

Mâchoires : elles sont de longueur égale. Les dents sont saines et parfaites.

Oreilles : elles doivent être taillées, droites et fines. Le Kennel Club britannique a établi que les yorkshires terriers nés après le 31 mars 1895 n'auraient plus les oreilles coupées pour les expositions en Grande-Bretagne. Dans ce cas, elles sont petites, en forme de V, couvertes de poils courts de couleur feu, plus sombres que sur le front.

Corps : très compact et trapu ; le dos est droit et pas trop long. Les reins sont robustes.

La famille du yorkshire

Hier recensé dans le 9e groupe, celui des chiens d'agrément et de compagnie, le yorkshire se situe aujourd'hui dans le 3e groupe des terriers, section terriers d'agrément. Des 33 races composant le 3e groupe, le yorkshire est le premier représentant, par le cheptel français. Avec le westie, il se partage le cœur de nos compatriotes. Sans nul doute, ces deux stars amèneront les visiteurs d'expositions à découvrir les autres races répertoriées dans le 3e groupe.

Pattes (jambes) : parfaitement droites, elles sont cachées par les longs poils du corps. Elles sont entièrement couvertes de poils feu doré, légèrement plus clairs aux extrémités.

Pieds : ils sont petits, aussi ronds que possible, avec des ongles noirs.

Queue : elle est coupée à mi-longueur, couverte de poils abondants d'un bleu plus foncé que le reste du corps, surtout à l'extrémité. Elle est portée un peu plus haute que la ligne du dos.

Robe : les poils doivent être aussi longs et lisses que possible (mais ils ne doivent pas être ondulés ni dépasser la ligne du sol), très brillants et soyeux.

Couleur : bleu acier brillant ou bleu gris argenté et feu doré, répartis de la façon suivante : tout le corps et la queue sont argentés ; la tête, les oreilles, les pattes, les pieds et les poils longs qui retombent au-dessus des yeux sont feu doré.

Hauteur au garrot : de 20 à 30 cm.

Poids : les yorkshires sont divisés en deux catégories : les moins de 2,250 kg et les plus de 2,250 kg, mais jamais plus de 6 kg.

Une échelle de points

Les chiens exposés à l'époque sont jugés suivant une échelle de points :

– Aspect général : 10 points
– Tête : 10 points
– Yeux : 5 points
– Mâchoires : 5 points
– Oreilles : 5 points
– Pattes et pieds : 5 points
– Queue : 5 points
– Abondance et couleur du poil sur le dos : 25 points
– Qualité du poil : 15 points
– Intensité du feu de la robe : 15 points

Total : 100 points

> L'exportation

Le york s'exporte dans le monde et connaît la gloire en Europe et aux États-Unis. Il séduit par son élégance et sa vivacité. Il fait la renommée de ses éleveurs, dont le nombre ne cesse d'augmenter. La sélection pratiquée par ces derniers, leur compétence, leur passion les amènent à présenter des sujets de plus en plus beaux.

> En Grande-Bretagne

Le 16 octobre 1946, le Yorkshire Terrier Club (fondé en 1898 en Grande-Bretagne) adopte, lors de son assemblée générale, un standard et une grille de points qui, en janvier 1950, seront

Inscriptions LOF

1950	26	**1996**	6 079
1960	98	**1997**	5 456
1970	531	**1998**	5 499
1980	3 147	**2000**	4 769
1985	4 246	**2001**	4 866
1995	5 801		

entérinés par le Kennel Club. Le dernier standard date du 24 juin 1987.

Le Kennel Club enregistre 1 217 yorks en 1950, 3 863 en 1960, 11 016 en 1970, 25 665 en 1990. Ces chiffres démontrent l'engouement pour cette race.

> Les années 1970

Les années 1970 sont significatives. Les ascendants de Ben, de Teddy, de Monarch, de Mozart, etc., sont exposés ; les élevages progressent : de Miss Mister Macdonal, Swan, Crookshank, Griffiths, Lister, Stroud, Munday, Beech, Oakley, à M. Sameja, tous marqueront l'histoire du york par leurs illustres lignées. Qui ne connaît pas Deebees, Blairsville, Macstroud's, Johnstounburn, Beechrise, Yadnum, Candytops ou Ozmillion ? Tous ces éleveurs sauront promouvoir le york.

Le yorkshire en France

Même si la Grande-Bretagne reste « le » pays du yorkshire, la France n'est pas à la traîne.

> Les éleveurs français

Les éleveurs français sont allés chez les plus grands éleveurs étrangers pour élaborer leurs lignées. Pour Mme Chauveau, La Pam'Pommeraie, et Mme Jan, du Gué de l'Adour, ce furent les yorks de Ronny Engelen, Of Millmoor, qui furent sélectionnés. De son côté, Marie T. Gérard, de Penghibur, se tourna vers les États-Unis, chez Mme Kolbert, Turyanne. Mona Jammas, Lucky Lad et Marc Mansuet, de Monderlay, iront en Grande-Bretagne et rapporteront des yorks produits par M. Sameja, Ozmillion. Liliane Davy, elle, restera en France et travaillera sa lignée dans un premier temps

Reine Margot de La Pam'Pommeraie (producteur et propriétaire : Mme Chauveau).

avec les chiens de Marc Mansuet et, ensuite, avec mes yorks. Elle avait flashé sur Réal, qui deviendra le père de plusieurs de ses champions.

> Une forte importation

En France, l'élevage du yorkshire commença après la dernière guerre mondiale. En 1953, le Dr Jean Duchatel crée le Club du yorkshire. Jusque dans les années 1970, il y a une vague d'importation de yorks depuis la Grande-Bretagne et la Belgique.

> Un phénomène de mode

Le yorkshire est à la mode : Sylvie Vartan, Caroline de Monaco font la une des magazines, leur yorkshire dans les bras. Attention, danger !

> La confirmation

En 1974, la confirmation des chiens constitue une première garantie pour le yorkshire. Le ratio entre les naissances en France et l'importation est important. Les efforts constants du club, depuis la présidence du Dr Klein jusqu'à nos jours avec Mme Richard, ont permis de faire diminuer les chiffres des importations anarchiques, génératrices de pauvres chiens disgracieux n'ayant qu'une vague ressemblance avec le yorkshire. Le dynamisme du club et le york séduisent : en 1970, on enregistre 531 naissances, 3 147 en 1980, 6 260 en 1990. Actuellement, le york demeure parmi les chiens les plus prisés, même si les statistiques démontrent une baisse des naissances LOF : en 2001, on comptait 4 866 naissances.

> Les risques d'une production anarchique

Les amateurs sérieux et le club ne sont pas parvenus à faire disparaître totalement la production anarchique du york. Il faut savoir que la distribution de chiens sans papiers (français ou étrangers) n'offre aucune garantie au futur

Sabata-Cash du Domaine de Monderlay (producteur et propriétaire : M. Mansuet).

Really-Country du Domaine de Monderlay (producteur et propriétaire : M. Mansuet).

Rhode Island de La Pam'Pommeraie (producteur : Mme Chauveau ; propriétaire : Mme Hillebrand).

propriétaire quant à la race du chien qu'il aura acheté (pas toujours à bon prix), si tant est qu'il s'agisse d'un chien de race. Il n'aura pas plus de garantie sur sa santé, son caractère, son comportement. Cette situation risque de jeter un certain discrédit sur le yorkshire et d'entraîner la fin de son succès.

> Le combat

En effet, si, aujourd'hui, le yorkshire a conquis les cinq continents et est aussi populaire, c'est grâce aux amateurs de la race, aux pionniers qui l'ont « modelé » en menant une politique sérieuse, solide et rigoureuse.

Ces passionnés ne laisseront pas les marginaux des petites annonces de journaux gratuits détruire le fruit de leur travail. Ces individus « aiment » uniquement le york pour l'argent qu'il leur rapporte. Ils passeront à une autre race une fois qu'ils auront tué le yorkshire. Rassurez-vous, ce jour n'est pas encore arrivé. Nous sommes nombreux à aimer le yorkshire, nous avons su le placer en 3e position des races en France. Nous saurons le préserver.

> La reconnaissance du yorkshire français

Nombreux sont les éleveurs français sérieux qui, grâce à leur travail, font triompher le york « cocorico » à l'étranger. Parmi eux : France d'Iela, La Pam'Pommeraie, Le Domaine de Monderlay, Brunehault.

De nombreux Français ont remporté la mondiale depuis 1983 avec leur chien : Marc Mansuet, M. T. Gérard, Pascale Mark et, avec une mention particulière, Mona Jammas (trois fois, dont deux fois avec Come Back).

Le yorkshire dans le monde

> Aux États-Unis

Dès 1872, les éleveurs britanniques exportent des yorks aux États-Unis. Le 12 février 1918, The Yorkshire Terrier Association fut créée. Elle fut reconnue par l'American Kennel Club (AKC) en 1954. Depuis, il y eut des émules et plusieurs clubs furent reconnus.

Le premier champion américain fut Bradford Harry. Il est né en Grande-Bretagne en 1885. Il faudra attendre 1908 pour que soit homologué champion le premier york américain, Queen of the Fairies, produit par Mrs Frederick Senn de New York. Aux États-Unis, le cheptel est à la mesure de ce vaste pays. On dénombre près de 40 000 naissances par an, c'est une véritable industrie.

> En Europe

Le york est également apprécié dans d'autres pays. De l'Allemagne aux Pays-Bas, en passant par l'Italie, la Belgique, il n'existe pas une

Le yorkshire dans le monde

Années	Grande-Bretagne	États-Unis	Danemark	Italie
1988	–	36 040	–	–
1989	23 576	39 268	–	7 990
1990	25 665	36 033	–	9 489
1991	21 064	39 772	454	–
1992	16 646	39 904	415	7 633
1993	13 041	39 827	450	–
1994	12 343	38 626	320	–
1995	11 941	36 881	–	5 579

exposition sans york. La Belgique a, elle aussi, ses grands champions : par exemple, Ronny Engelen qui a su exporter le york dans le monde. De même, qui ne connaît pas Millmoor et ses yorks aux têtes tellement typées ?

> Les modes canines

Si, indiscutablement, les préférences en matière de chiens restent une affaire nationale, les modes canines naissent de moins en moins isolément et s'étendent au-delà des frontières. On peut noter que les « tendances » s'exportent de mieux en mieux et plus vite. Les terriers sont tout à fait représentatifs de cette évolution : voilà des chiens qui ont une couleur locale on ne peut plus marquée et qui, pourtant, s'implantent un peu partout. Le yorkshire en est le brillant exemple !

Horus dei Fiocchi Rossi (producteur : Mme Contaloni ; propriétaire : Mme Pollini).

Opéra Rock du Gué de l'Adour (producteur : Mme Jan ; propriétaire : Mme Coursedon).

Le standard

Comme york, le mot standard est anglais mais il trouve ses racines en France, tiré du mot estandard ou étendard, et signifie type, norme, référence.

Qu'est-ce qu'un standard ?

> La transmission héréditaire

Un chien de race, dont la généalogie est parfaite, ne peut avoir de rejetons absolument identiques à lui-même. La nature a prévu un nombre énorme de gènes et la transmission héréditaire complexe peut en faire réapparaître certains après bien des générations, ainsi que produire des mutations : une évolution de tous les êtres vivants est donc inéluctable.

> Une description du type

Chez les chiens inscrits au LOF, cette évolution est d'autant plus sensible que les animaux d'une même population de très proche parenté doivent se ressembler énormément et que, cependant, l'inattendu est toujours au rendez-vous. Une description du « type » est donc indispensable si l'on veut éviter les dérives. Le standard est la description du chien idéal (qui n'existe pas). Le standard indique que tout écart doit être considéré comme un défaut et pénalisé en fonction de la gravité.

> Le vocabulaire du standard

Le texte du standard doit être le plus précis possible, même s'il ne comporte que peu de chiffres, mis à part ceux concernant la taille mesurée au garrot ou le poids. Dans le standard du york, seul le poids est mentionné. Dans cette description, on se contente souvent de dire que « la tête est plutôt petite », « le cou de bonne longueur », « les yeux de dimension moyenne ». Bref les standards, et particulièrement les standards britanniques, sont « impressionnistes », laissant aux juges, aux dirigeants de clubs de race et aux éleveurs, une certaine liberté d'interprétation. C'est pourquoi il n'est pas nécessaire de réactualiser souvent les standards. Celui du york a été revu, pour sa traduction française, le 2 février 1998.

> Les critiques

Il y a quelques années en Grande-Bretagne, les critiques contre les standards se sont faites virulentes, notamment de la part des vétérinaires, car on les accusait de favoriser des tares héréditaires en exigeant comme idéal des conformations exagérées, sinon caricaturales.

On leur reprochait tout autant un vocabulaire abstrait, des formulations confuses, voire des erreurs du point de vue technique. Aussi, le Kennel Club décida finalement de revoir les quelque 65 textes placés sous sa responsabilité.

Le standard du york

(Traduction : Pr Raymond Triquet)
Date de publication du standard d'origine en vigueur : 24 juin 1987, réactualisé le 2 février 1998.

> Aspect général

Chien à poil long : le poil pend parfaitement droit et de façon égale de chaque côté, partagé par une raie qui s'étend du nez à l'extrémité de la queue. Très compact et net dans ses lignes, il se tient très droit, ce qui lui donne l'air important. L'ensemble de ses formes donne l'impression d'un corps vigoureux et bien proportionné.

> Comportement/caractère

Terrier de compagnie actif et intelligent, plein d'entrain, d'un naturel égal.

Tête

Crâne : plutôt petit et plat, ni proéminent ni rond.
Truffe : noire.
Museau : pas trop long.
Mâchoires/dents : articulé en ciseaux parfait, régulier et complet, c'est-à-dire que les incisives

supérieures recouvrent les inférieures dans un contact étroit et sont implantées bien d'équerre par rapport aux mâchoires. Les dents sont bien disposées et les mâchoires sont d'égale longueur.
Yeux : de dimension moyenne, foncés, étincelants ; ils expriment une vive intelligence ; ils sont disposés de façon à regarder droit devant. Ils ne sont pas proéminents. Le bord des paupières est foncé.
Oreilles : petites, en forme de V, portées droites, pas trop écartées, couvertes d'un poil court ; leur couleur est d'un fauve soutenu et intense.
Cou : de bonne longueur.
Corps : compact.
Dos : droit.
Rein : bien soutenu.
Côtes : modérément cintrées.
Queue : il est d'usage de l'écourter à une longueur moyenne ; elle porte un poil abondant, d'un bleu plus foncé que le reste du corps, surtout à l'extrémité. La queue est portée un peu plus haut que la ligne du dos.

Classification

Origine : Grande-Bretagne.

Utilisation : terrier de compagnie.

Classification Fédération cynologique internationale : groupe 3 (terriers), section 4 (terriers d'agrément), sans épreuve de travail.

Membres

Membres antérieurs : membres droits, bien couverts d'un poil fauve doré intense qui est un petit peu plus clair à l'extrémité qu'à la racine et qui ne s'étend pas plus haut que le coude sur les antérieurs.

Épaules : bien obliques.

Membres postérieurs : les membres postérieurs sont parfaitement droits quand ils sont vus de derrière. Le grasset est modérément angulé. Ils sont bien couverts d'un poil fauve doré intense qui est quelques tons plus clair à l'extrémité qu'à la racine et qui ne s'étend pas plus haut que le grasset, sur les postérieurs.

Pieds : ronds. Les ongles sont noirs.

Allures : allures dégagées avec une bonne impulsion. Antérieurs et postérieurs se portent droit devant. En action, la ligne du dessus reste bien droite.

Robe

Poil : sur le corps, le poil est de longueur modérée, parfaitement droit (et non ondulé), luisant, de texture fine et soyeuse et non laineux. La garniture en tête est longue, d'un fauve doré intense, de couleur plus soutenue sur les côtés de la tête, à la base des oreilles et sur le museau, où le poil doit être très long. La couleur fauve de la tête ne doit pas s'étendre jusqu'au cou. Absolument aucun poil sombre ou charbonné ne doit se mêler au poil fauve.

Couleur : bleu acier foncé (et non bleu argenté) s'étendant de l'occiput à la naissance de la queue, jamais mêlé de poils fauves, bronze ou foncés. Sur le poitrail, le poil est d'un fauve intense et brillant. Tous les poils fauves sont plus foncés à la racine qu'au milieu et ils deviennent encore plus clairs à l'extrémité.

Poids : jusqu'à 3,100 kg (7 livres anglaises).

Défauts : tout écart par rapport à ce qui précède doit être considéré comme un défaut qui sera pénalisé en fonction de sa gravité.

N.B. : les mâles doivent avoir deux testicules d'apparence normale complètement descendus dans le scrotum.

Commentaires du standard

> Morphologie

• Apparence générale

Ce bréviligne s'impose au premier coup d'œil par son allure « terrier ».

Compact, solide, harmonieux, très équilibré, téméraire, éveillé, sont les adjectifs qui le caractérisent.

Il est facilement identifiable par son manteau soyeux, bleu acier foncé et ses tans dorés.

• Tête et crâne

Tête

La tête, plaisante à l'œil, doit être harmonieuse et proportionnée au corps du chien.

Le crâne ne doit pas être rond (signe de nanisme) et l'angle formé par le museau et le crâne doit, en principe, être un angle à 90°.

Si cet angle est trop ouvert, cela détermine un museau plongeant qui n'est pas désirable.

Si, en revanche, cet angle est trop fermé, le museau est trop court et le stop accentué donne au york une tête de chat qui n'est pas non plus souhaitable.

À la palpation, les fontanelles doivent être fermées.

Mâchoires, museau

Les mâchoires doivent être régulières, la bonne occlusion des arcades dentaires étant indispensable à un terrier.

Il en découle que les mâchoires en ciseaux sont fortement appréciées, bien que les mâchoires de niveau soient tolérées.

Le prognathisme supérieur (bégu) ou inférieur (grignard) est à proscrire. À la confirmation, nous pensons qu'il est souhaitable qu'il y ait le bon nombre d'incisives, c'est-à-dire six, mais qu'un chien ayant de bonnes qualités doit être confirmé, même avec cinq incisives. Il s'agit cependant de ne pas confondre confirmation et exposition, où des qualités tout à fait exceptionnelles sont demandées au chien présenté et où les six incisives sont indispensables.

La truffe est noir de jais ; le chien qui présente un défaut de pigmentation sur la truffe est plus souvent atteint d'une tare génétique que d'une déminéralisation.

Yeux

Ils doivent être foncés, le bord des paupières bien pigmenté comme si l'œil était maquillé.

Les yeux doivent être légèrement en amande, ni trop ronds, ni trop bridés, ni proéminents (exophtalmie).

Les yeux ronds vont de pair, généralement, avec un crâne trop rond, un museau trop court, ce qui est la forme distinctive du nanisme.

On a constaté que les chiens dont les couleurs de tête sont « rouge-orangé uniforme » présentent, la plupart du temps, une absence de pigmentation autour des yeux, qui détruit l'expression intelligente du regard.

Les points de non-confirmation

Type général

– manque de type

– poids supérieur à 3,100 kg

Points particuliers dans le type

– crâne globuleux (nanisme)

– yeux exorbités (exophtalmie)

– oreilles tombantes

Robe

– poil rêche

– pelage insuffisamment dense

– plages fauves insuffisantes

– plages grèges au lieu de fauves

– manteau trop grisonné

Anomalies

– prognathisme

– arcade maxillaire irrégulière

– manque plus de deux incisives par mâchoire

– fontanelle ouverte chez les chiens dont le poids est supérieur à 1,500 kg. Chez les chiens de moins de 1,500 kg, la fontanelle est tolérée si l'ouverture est inférieure à 3 mm.

– monorchidie, cryptorchidie.

Oreilles

Les oreilles sont petites, bien droites, en forme de V renversé et pas trop écartées.

La formule idéale : « 10 h 10 et pas 9 h 15 » (cf. Article de Griffith, documentation fournie par Mme Lefrançois).

À bannir, les oreilles trop rondes, trop divergentes, trop larges de la base (forme ailes de chauve-souris) ou trop éloignées l'une de l'autre (forme de cuillères à pot).

Le poil qui borde les oreilles est coupé sur leur tiers supérieur.

Certains, afin de corriger le port défectueux des oreilles de leur chien, prennent dans le « chignon » les poils de la base des oreilles, ce qui empêche la libre expression du mouvement des oreilles.

La Commission d'élevage souhaite vivement, afin de ne pas obliger un juge à défaire la coiffure lors d'une présentation, que les oreilles soient laissées libres de toute attache, afin de voir si leur implantation est bien conforme au standard.

• Corps

Proportions

Le york est un chien équilibré, aucune proportion ni dimension n'existent dans le standard. Cependant, il a été précisé qu'à chaque gabarit doit correspondre un chien équilibré et carré, dont la ligne de dos doit être parfaitement parallèle au sol.

Il est précisé que l'ossature ne doit pas être frêle, la musculature doit être substantielle et le manteau ne doit être en aucun cas le « cache-misère » d'une charpente défectueuse.

La cage thoracique doit être bien éclatée, descendant environ jusqu'aux coudes et suffisamment profonde pour que le cœur et les poumons y trouvent leur place.

Encolure

Le york doit avoir une bonne sortie d'encolure, c'est-à-dire une encolure de longueur moyenne, bien greffée sur l'épaule. Elle revêt une grande importance dans l'harmonie du chien et confère à son avant-main toute son élégance.

Ligne du dos

Vu d'en haut, le york doit ressembler à un « boudin » plutôt qu'à une « poire ». Sa ligne de dos doit être bien droite, du garrot à l'insertion de la queue.

Sont à exclure : le dos arrondi (voussure), le dos de chameau (ensellé), le dos plongeant (épaules plus basses que la naissance de la queue) et le dos mou (ligne de dos creuse).

Le coup de hache, qui correspond à une dépression intervertébrale des 10e et 11e vertèbres dorsales, détermine un trot désuni, décousu par dissociation des battues diagonales qui sont les critères types de la marche d'un bon trotteur.

La croupe est courte et droite, pas fuyante. Il est à noter qu'une croupe fuyante peut engendrer chez une femelle des difficultés de mise bas.

Queue

L'insertion de la queue est le relief de la ligne de dos. La queue est la continuation de la colonne vertébrale et se porte légèrement plus haute que le dos. À la marche, le chien doit la relever.

La queue portée à 90° de la ligne de dos est reconnue acceptable, toute queue portée à un angle inférieur à 90° est dite « gay » et est indésirable.

Elle doit être coupée à la limite du tan, lorsque le chiot a moins de 1 semaine.

Un york avec une queue trop courte ou trop longue ne doit pas être pénalisé, car c'est une erreur humaine.

• Membres antérieurs

Ils doivent être bien droits, la scapula (épaule) est plate, vue d'en haut, et arrondie, vue de côté. Les coudes sont proches du corps.

D'une mauvaise implantation des membres antérieurs découle une position défectueuse des pieds. Si le chien est découdé, il est cagneux. Si ses avant-bras ne sont pas forts et droits, il peut être panard.

Une trop faible angulation scapulo-humérale donne des membres antérieurs rapprochés, offrant une impression d'étroitesse.

Doigts et ergots

Les doigts doivent être bien serrés, donnant aux pieds une impression de rondeur.

Les coussinets sont épais et bien noirs.

L'ablation des ergots des membres antérieurs est laissée au libre arbitre des éleveurs.

Ongles

Ils doivent être bien noirs.

• Membres postérieurs/angulation

L'angulation doit être bien marquée et se remarque surtout à la démarche.

Le jarret est perpendiculaire à l'arrêt, la cuisse est musclée, les postérieurs sont donc bien solides, ni trop rapprochés, ni trop écartés, pour parfaire sa démarche.

Doigts

Tout comme pour les antérieurs, les doigts doivent être bien serrés pour donner au pied sa forme ronde ; les ongles et les coussinets doivent être noirs.

Les ergots doivent être obligatoirement enlevés (pour son confort futur). Pour les « futurs champions », il est vivement conseillé de procéder à l'ablation des ergots, antérieurs et postérieurs s'il y a lieu, afin d'éviter la détérioration du manteau.

• Mouvement

Des défauts à l'avant-train, à l'arrière-train ou un défaut de dos entraînent automatiquement de mauvaises démarches (chiens qui tricotent, qui battent du tambour, qui billardent...).

L'intégrité du squelette et de bonnes angulations font que l'appareil locomoteur sera fonctionnel.

N.B. : certains notent qu'une démarche en tambour ne relève pas d'un défaut de charpente et déclarent que ne pas aimer cette démarche est un avis subjectif. À voir !

• Poids

Maximum : 3,100 kg.

Reconnaissons l'erreur courante, même de nos jours, qui consiste à accoupler « un petit mâle » avec « une grosse femelle » pour avoir des sujets moyens.

L'idéal est un chien de poids moyen, aussi bien chez les mâles que chez les femelles (2 à 2,500 kg). La bonne formule est : « un maximum de poids pour un minimum de volume ».

> Couleur et texture

• La robe bleu acier foncé

Texture

Elle est soyeuse et ne doit en aucun cas être dure, cotonneuse ou laineuse. Elle doit être brillante, contrairement au poil laineux qui ne reflète pas la lumière.

Le manteau doit avoir une certaine densité pour que le chien n'ait pas l'air « pelé ». Lorsque l'on brosse un poil soyeux, aucun sous-poil n'apparaît sur la brosse et le poil plombe, sans vagues ni ondulations.

Un coup de brosse en poils naturels, sur une robe propre, sans conditionneur, doit séparer chaque poil, presque individuellement et lorsque celui-ci retombe, il reprend immédiatement sa position naturelle. Inversement, le poil laineux et moutonneux feutre facilement et son démêlage semble interminable.

La bourre est très importante. Lorsqu'un poil laineux est bien conditionné, il peut faire illusion et paraître lumineux. Cependant, un simple coup d'œil aux franges des antérieurs et des postérieurs peut aisément vous renseigner sur la texture réelle du poil. En effet, l'abondance du poil (pattes d'éléphant), ou son « désépaississement », confirme que le chien est bien laineux. D'autre part, la présence de nombreux poils blancs dans la robe est aussi très significative.

Il est bien entendu que ces remarques s'appliquent à un york adulte.

Ce type de texture peut engendrer une fourrure abondante d'une couleur anthracite, mais celle-ci est toujours cotonneuse et n'a jamais la luminosité d'une robe soyeuse.

Il en résulte que la texture soyeuse de la robe est primordiale et que, sans elle, on ne peut obtenir ni le bleu acier foncé et brillant, ni les trois dégradés de tan, couleurs antagonistes qui font le charme et la difficulté de la race.

Couleur

Le york naît noir avec les « 4 tan-points » des terriers. Sa couleur n'est définitive qu'entre 18 et 24 mois environ.

Elle peut évoluer lentement, mais si, à 24 mois, le chien est toujours noir, il a peu de chance de devenir bleu un jour.

Ce n'est pas un argument valable que de relever le manteau d'un chien de 3 ans en

Définition de quelques termes techniques du standard

Anorchidie

Absence totale de testicules. Cette anomalie va de pair avec une conformation infantile. Le terme est peu employé en cynophilie.

Articulé ou mâchoires en ciseaux

Lorsque les mâchoires sont fermées, les incisives inférieures sont en contact (étroit) avec la face interne des incisives supérieures, à la manière dont les branches d'une paire de ciseaux coupent en glissant l'une contre l'autre. Au contraire, lorsque l'articulé est en pinces (on dit aussi en tenailles, ou denture juste), ce sont les extrémités des incisives qui sont en contact, comme dans une paire de tenailles. Chez le york, seul l'articulé en ciseaux est souhaitable.

Coudes en dehors

Lorsque le chien possède des aplombs avant corrects, c'est-à-dire des membres antérieurs verticaux, vus de face, les coudes restent collés au corps. Des aplombs déformés ne se remarquent pas seulement au niveau des pieds ou des poignets (métacarpes), mais aussi au niveau des coudes.

Cryptorchidie

Lorsque les testicules ne sont pas descendus dans les bourses, ils restent cachés (crypto) dans le canal inguinal ou dans l'abdomen. Ils s'atrophient et dégénèrent. Le chien cryptorchide ne peut procréer.

Monorchidie

C'est lorsqu'un seul testicule est présent dans les bourses. La monorchidie, comme la cryptorchidie, est une anomalie qui se transmet héréditairement. Le chien monorchide reste généralement fertile.

disant : « le bleu arrive » parce que, chez les chiens noirs et laineux, le dessous du manteau sur les parties basses est toujours plus clair (gris anthracite).

D'autre part, certains yorks, dont le manteau est à la fois « silver-blue » et particulièrement ondulé, évoluent vers une teinte bronze.

À la naissance, quelques marques blanches apparaissent sur la poitrine, sur l'extrémité des pattes et sur la mâchoire inférieure, près du museau.

Ces taches doivent régresser avec l'âge, puis disparaître. Leur persistance est indésirable.

Un vrai bleu soyeux est uniforme de la racine du poil à son extrémité, au-dessus et au-dessous.

• La robe fauve

Texture

De même que pour le bleu, le poil fauve est brillant, fin et soyeux. La mèche, les moustaches et la barbe doivent être longues chez l'adulte.

Couleur

Chez l'adulte, les fauves sont dégradés, plus foncés à la racine qu'en leur extrémité.

Ce dégradé est souhaitable, contrairement au fauve uniforme, rouge-orangé ou rouge « setter irlandais ».

La durée du changement des poils de naissance de la couleur noire à la couleur doré varie énormément d'un york à un autre mais, chez l'adulte, le fauve doit être foncé à la base des oreilles, sur le dessus du museau et sur les côtés de la tête.

Les dernières traces de noir qui restent sur la mèche centrale et sur les côtés de la tête doivent disparaître, le fauve allant en s'intensifiant avec l'âge.

LE CARACTÈRE DU YORKSHIRE TERRIER

Tout autant que le physique, le caractère est génétiquement programmé. Et cependant, le standard du york s'étend beaucoup plus longuement sur ses aspects morphologiques que sur son comportement typique. Celui-ci n'est défini qu'en quelques mots : « terrier de compagnie actif et intelligent, plein d'entrain, d'un naturel égal ».

Le caractère terrier

L'épanouissement physique, tel qu'il est déterminé par l'hérédité, est apparemment moins dépendant des conditions du milieu que le caractère. Il est vrai aussi que l'on a longtemps dénié toute responsabilité à l'hérédité quant à la formation du comportement. Cependant, de nos jours, on a mis en lumière de nombreuses prédispositions ataviques qui peuvent apparaître ou non selon l'éducation et le mode de vie du chien.

Enfin, il faut bien avouer que le monde cynophile a toujours eu tendance à privilégier les caractéristiques physiques. L'organisation des expositions canines ne permet de juger et comparer valablement que l'apparence physique des concurrents.

Si, aujourd'hui, on se préoccupe de plus en plus de tout ce qui concerne le caractère des chiens, il n'est pas aisé d'en contrôler la sélection.

Ne nous étonnons pas de voir, actuellement, le york figurer dans le 3ᵉ groupe. Ce groupe, qui rassemble des chiens de tailles mais surtout de morphologies diverses, est remarquablement homogène sur le plan des types de caractère que l'on y rencontre : un terrier est impétueux, entreprenant et n'est absolument pas peureux. Il est infatigable. C'est un extraverti et un passionné.

Il est aussi indiscutablement têtu, accrocheur et ne cède que difficilement. Ce dynamisme, cette intrépidité lui confèrent en même temps beaucoup de bonne humeur et d'inclination au jeu. Sachez que, trop accentué, ce type de caractère peut conduire à des sujets hargneux, querelleurs, voire agressifs. Mais, en règle générale, le terrier est un animal équilibré, capable de calme et d'obéissance.

Ch. Tender Moment du Houlme.

Le caractère du york

Ce petit chien possède vraiment de nombreux atouts. C'est un charmeur plein de glamour. Il saura vous attendrir même lorsqu'il aura été le plus vilain du monde.

> L'intelligence

Le yorkshire est intelligent, un simple regard suffit. S'il vous sent triste, immédiatement il attirera votre attention par un jouet, un léger aboiement, des mimiques ou toute autre astuce pour vous rendre le sourire, la joie de vivre qui lui est si chère. Il est malin comme un singe, rusé comme un renard, et sait toujours arriver à ses fins. Il connaît les limites de l'acceptable. Il vous « parle » et sait vous demander à boire et à manger. Le caractère du york se compose de mille et une facettes. S'étant un peu assagis, les terriers sont devenus des clowns effrontés, pleins de fantaisie, très vifs et gais.

> L'assurance

Ils ont toujours beaucoup d'assurance. C'est peut-être cet aspect qui nous amène à voir beaucoup de yorks en exposition. En effet, un chien d'exposition ne doit pas s'émouvoir du bruit de la foule, il doit supporter le stress des compétitions et les manipulations des juges, mais aussi le voisinage des autres chiens, tout en gardant fierté et allant pour se présenter à son avantage.

> La curiosité

Sa curiosité le pousse à tenter moult expériences, comme se retrouver perché au plus haut d'une étagère, histoire de se rendre compte de quoi sont faites les choses immobiles y siégeant. Votre yorkshire connaîtra rapidement les coins et recoins de son habitation car rien ne lui échappe. Un trou entre les haies et vous voyez votre yorkshire, nonchalamment mais sûrement, s'y introduire. Vous le retrouverez en train de vagabonder sur les chemins voisins.

> La témérité

Ce petit chien ne craint rien, pas plus ses congénères que les hommes. À priori, tous sont ses amis. Mais attention, le yorkshire est un peu rancunier : de quelque espèce qu'il soit, son ennemi aura droit à la guerre à chaque rencontre. Il est très courageux et n'hésitera jamais à défendre ceux qu'il aime et sa maison. Il n'est pas agressif. Il a simplement du répondant face à l'agresseur.

> Un bon gardien

Au moindre bruit suspect, il vous avertira : avec ses 2 kg en moyenne, il garde et garde bien ! Le téléphone sonne, peut-être ne l'avez-vous pas entendu ? Pas de problème, votre yorkshire est là !

Il est utile de préciser que le yorkshire n'aboie pas à tort et à travers. L'habitude d'aboyer est souvent une façon de se rappeler à l'attention du maître, de tromper la solitude.

> Un bon marcheur

Il se promènera avec vous sans se fatiguer car c'est un bon petit randonneur. Il veut tout partager avec vous et si sa compagnie vous est nécessaire, sachez que la vôtre lui est aussi indispensable.

> Une bonne éducation

Vous pourrez l'emmener partout, au restaurant, à l'hôtel, chez vos amis, dans les magasins et dans l'avion. Il se comporte très bien et aura vite fait de séduire le plus récalcitrant des hôteliers. Il n'y a pas de mauvais yorkshire, il n'y a que des maîtres incompétents qui l'auront mal élevé. Il faut l'éduquer dès son plus jeune âge et lui apprendre les bonnes manières. Comme nous l'avons déjà dit, il est très intelligent mais il est aussi un peu cabochard, il faudra donc être ferme sans jamais le brusquer. Il est indispensable de lui épargner le stress de la foule car, du fait de sa petite taille, il est vulnérable par terre : un coup de pied ou un coup de croc de grand chien est vite arrivé. Pour éviter cela, deux solutions vous sont offertes : soit le porter dans les bras, soit dans un sac. En ville, votre chien sera toujours promené en laisse parce qu'il peut lui prendre l'envie de piquer un 100 mètres et qu'un accident est vite arrivé !

> Un compagnon très drôle

Le yorkshire est un terrier, aussi aime-t-il chasser, creuser, cacher ses proies. Dans un jardin, il guette et bondit pour attraper mulot, souris ou lapin. S'il n'a pas de jardin, ce qui ne constitue pas un problème, le yorkshire est un parfait chien d'appartement, il courra après une mouche qui vole (attention aux guêpes), une plume, un papier, il cachera sa « chasse », joujou, os et quelques affaires vous appartenant, dans son dodo, sa maison. C'est un compagnon très drôle. Il faut le voir déambuler dans l'appartement avec, dans la gueule, des poupées de chiffon trois fois plus grandes que lui. Il ne manque pas d'imagination et un rien devient, pour lui, un jeu follement amusant.

> Un contraste inattendu

Le yorkshire, avec sa robe longue étincelante, peut incarner le parfait chien d'agrément qui jouera le rôle de diva très bien élevée, trônant sur les coussins de soie ou dans les bras de son maître. Mais cet extraverti, rempli de joie et de bonne humeur, sait aussi être sportif. Il n'est pas rare de le voir errer, le nez en l'air, tel un gavroche, à la recherche d'un endroit où creuser la terre : si ce n'est dans le jardin, ce sera dans les pots de fleurs décorant la maison.

Sa réputation

Si le yorkshire a quelquefois la réputation d'être agressif, aboyeur et sale, il le doit à des hommes qui ont cru que ce petit chien s'élevait comme des champignons. Nous l'avons déjà dit, le yorkshire est un terrier, vif et très intelligent, il est doté d'une forte personnalité. C'est donc en étant aussi cabot que lui que vous réussirez à lui faire connaître ses droits mais aussi ses devoirs. Ainsi, il alliera, en toute harmonie, un physique de star à un caractère terrier. Il sera beau, équilibré et très agréable à vivre.

Comparaison avec le caractère des races voisines

Nous n'essaierons pas de comparer l'incomparable. En effet, si le yorkshire est un terrier classé dans le 3e groupe, son aspect le place cependant aux antipodes car il est, avant tout, un chien de compagnie. Seul son caractère le rattache au reste du groupe. Il a pris toutes les qualités des autres terriers (scottish, westie, cairn…). Il est digne, fier, courageux, démonstratif, affectueux, indépendant, gai et tendre. Il est fréquent, pour un néophyte, de le confondre avec un silky terrier, bien que celui-ci ne soit qu'un cousin malchanceux de par son aspect moins harmonieux (sauf en ce qui concerne les très beaux).

Le maître idéal

C'est celui qui aura acheté son yorkshire après mûre réflexion, et qui connaîtra donc parfaitement les caractéristiques de la race. Ce sera quelqu'un d'équilibré, le yorkshire aura vite fait de lui ressembler. Il considérera son chien comme un membre de la famille à part entière et s'occupera de lui quotidiennement. Il apprendra à son yorkshire que la toilette doit être faite tous les jours. Cinq minutes par jour sont préférables à une heure par semaine. Il saura donc ne pas transformer un plaisir en corvée. Il ne se séparera de son yorkshire qu'en cas de force majeure (participation à un séminaire, par exemple). Il parlera, jouera, vivra avec lui le plus possible. Il l'aimera. Le yorkshire n'est pas ingrat et lui rendra au centuple le bonheur, l'amour, la joie prodigués.

Son comportement avec les enfants

Le yorkshire est, par excellence, le meilleur copain des enfants. Il sait jouer et faire preuve de malice. Il s'amusera pendant des heures avec votre chère tête blonde dès lors qu'il sera considéré comme son égal. Il ne doit jamais être confondu avec un jouet. Le york a de la mémoire, que l'on peut qualifier de rancune, et commettre cette faute condamnerait votre enfant à jouer seul, le petit chien restant alors caché.

Son comportement avec les autres animaux

Comme nous l'avons vu, le yorkshire est de bonne composition. Il s'accorde sans difficulté avec les chiens, les chats, les chevaux… Cette cohabitation rendra votre lieu de vie très animé, car le punch de votre yorkshire aura vite fait de déteindre sur les autres. Vous serez le spectateur de lancers de joujoux, de courses à perdre haleine, de sauts, de galipettes, vous pourrez participer et même organiser des matchs de foot ou de volley. À l'issue de ces jeux, ce sera l'heure de se reposer, et le york partagera le gîte et le couvert avec son ou ses amis. Ce n'est pas un égoïste mais un grand cœur.

Vous pourrez vous promener sans crainte à la campagne, car il n'attaquera pas les volailles et il n'est pas fugueur.

Les différences entre le mâle et la femelle

Je ne connais pas d'aspect significatif pouvant différencier le chien de la chienne. Les traits de caractère sont sensiblement les mêmes ; quant au look, bien malin celui qui reconnaîtra d'un coup d'œil un mâle d'une femelle.

En revanche, si le mâle reste le même du 1er janvier au 31 décembre, la femelle connaît deux périodes de chaleur, d'une durée d'environ trois semaines chacune, qui peuvent modifier son comportement et vous causer quelques désagréments. N'oubliez jamais : qu'il soit mâle ou femelle, c'est vous qui forgerez son caractère et en ferez le détestable petit roquet ou l'adorable compagnon.

Nous avons simplement remarqué que, bien souvent, une chienne est plus complice avec monsieur, et qu'un chien se laisse manier plus facilement par la maîtresse de maison.

L'UTILITÉ DU YORKSHIRE TERRIER

S'il ne va plus au terrier, c'est parce que nous ne l'y menons plus. Son instinct est toujours là. Il lui fera chasser les rats et les souris de votre maison de campagne.

Un chien de compagnie

Chien de compagnie par excellence, le york l'est devenu de par la volonté de l'homme. Il a la notion de propriété très marquée. Il défendra coûte que coûte son bien. Rien ne lui fait peur, rien ne le fait reculer. Votre petit compagnon vous avertira de tout par son aboiement, et si un intrus tente de pénétrer chez vous, il essaiera de l'en dissuader.

Sa première utilité sera de vivre avec vous. Il partagera tout, vos joies, vos peines. Fidèle à en mourir, toujours présent. De la star à la romanichelle, du frimeur au gavroche, il ne vit que pour vous. Il vous aime ! Il saura vous faire rire, vous « parler », vous rassurer. Il s'adaptera à votre style de vie. Lève-tôt ou couche-tard, actif ou inactif, voyageur ou sédentaire, il sera votre ombre. D'un coup d'œil, il vous aura compris. Il accaparera la parcelle de votre vie restée libre et grignotera celles déjà occupées.

L'agility

> Sa création

L'agility est née en 1978, dans le cadre de l'exposition canine britannique de Crufts, la plus prestigieuse et importante manifestation du genre au monde. Ses organisateurs, qui cherchaient une nouvelle animation susceptible de faire patienter le public attendant le déroulement du *Best in show* – le meilleur de l'exposition, une véritable institution –, se sont inspirés du jumping hippique. Ils ont alors conçu un parcours d'obstacles variés et spectaculaires, le classement des concurrents tenant compte des fautes commises sur les obstacles et du temps mis à accomplir le tout.

> Un accueil triomphal

L'idée était géniale. L'agility est apparue à la fois comme une discipline éducative et un jeu sportif s'appuyant essentiellement sur une harmonie entre le chien et son maître : elle fut adoptée facilement par les cynophiles pour l'image très positive qu'elle donnait du chien. Passionnante et facile à suivre, le grand public lui fit un accueil triomphal, et elle se répandit rapidement en Grande-Bretagne.

> Le premier concours

En 1987, un premier concours d'agility est organisé en France sous les auspices de la

Société centrale canine. Deux ans plus tard, elle est reconnue par la Fédération cynologique internationale (FCI).

> Une discipline ouverte à tous

C'est à l'évidence la discipline du sport canin la plus répandue. Elle est ouverte à tous les chiens, les plus grands (dogue allemand, par exemple) comme les plus petits (yorkshire terrier). Les obstacles ne mesurent pas plus de 40 à 75 cm de haut, selon les races, ce qui ne handicape pas les chiens. Dans la catégorie A, destinée à remplacer la catégorie « mini » – qui concerne les yorks –, les obstacles ont 35 cm de hauteur.

Elle est aussi ouverte aux chiens sans pedigree. Enfin, elle est ouverte à tous les clubs, qu'ils soient multidisciplinaires (clubs de dressage) ou spécialisés dans la pratique de l'agility. Tous les maîtres peuvent donc s'y essayer, quels que soient leur chien et l'endroit où ils habitent (il existe environ 350 clubs répartis dans toute la France).

> Les éléments du parcours

L'agility s'exerce sur un terrain d'au moins 20 m sur 40, le parcours proprement dit ayant une longueur d'environ 100 à 200 m. Selon la catégorie, le parcours comprend de 10 à 20 obstacles. On distingue les haies (simples, doubles ou triples), le viaduc, la table, la zone d'arrêt, la passerelle, la balançoire, la palissade, le slalom, les tunnels rigide et souple, le pneu, le saut en longueur, la rivière, les cavalettis. Tous ces obstacles ne doivent présenter aucun danger pour les chiens.

> Le tracé du parcours

Le tracé du parcours est laissé à l'imagination du juge. Les conducteurs en prennent connaissance juste avant le début des épreuves, mais sans pouvoir y entraîner leur animal. Il s'agit de modifier fréquemment le tracé et la position des obstacles, de façon à éviter une mécanisation du chien.

> Une course d'adresse

L'agility n'est pas une course de vitesse, mais une course d'adresse. Le chien doit passer l'ensemble des obstacles dans l'ordre prescrit, sans faire de fautes et dans la limite d'un « temps de parcours standard » (TPS), lequel est considéré comme un indice de base et non comme un critère principal.

> La répartition par taille

Outre les épreuves non homologuées, réservées aux chiens sans pedigree, la répartition dans les épreuves homologuées (officielles) se fait par taille. Le nouveau règlement prévoit quatre catégories :

– A, jusqu'à 35 cm ;
– B, jusqu'à 50 cm ;
– C, au-dessus de 50 cm ;
– D pour les molosses.

Ces catégories ont été appliquées pour les championnats de France et d'Europe de 1995. Dans chacune de ces catégories, il y a deux classes : 1er et 2e degrés, ce dernier étant réservé aux titulaires du « brevet agility ». Il existe également des épreuves « ouvertes » à tous les chiens, comme le jumping (parcours d'obstacles avec les équipes de quatre chiens).

(D'après le règlement d'agility approuvé par la FCI de septembre 1989 et les nouvelles dispositions arrêtées en février 1994.)

> L'obéissance

À la lecture de cette rapide présentation, on comprend qu'un certain niveau d'obéissance est nécessaire pour pratiquer l'agility. Il faut que le chien puisse évoluer sans laisse (ni collier) sous la direction de son maître. Ce n'est pas insurmontable ! D'ailleurs, les clubs d'agility sont là pour faire parvenir les équipes maître/chien à ce premier niveau. Car s'il existe des compétitions, l'agility n'en reste pas moins un sport de loisir, permettant d'éduquer tous les chiens en se distrayant. Seules un peu de bonne volonté et d'assiduité sont nécessaires.

Il faut espérer que de nombreux yorks participeront à ces épreuves d'agility dans les années à venir. En effet, c'est, sans aucun doute, la meilleure manière, et la plus motivante, d'aborder l'éducation puisque l'agility est aussi un jeu. Chien et maître y prennent du plaisir.

L'obédience

L'obédience, officiellement reconnue sous le nom d'« obéissance » depuis le 1er janvier 1993, reste cependant une discipline pratiquement inconnue en France.

> Qu'est-ce que c'est ?

Elle consiste en un parcours comprenant divers exercices : suite au pied sans laisse, debout et assis, rappel avec debout couché, envoi en avant, rapport d'objet avec saut de haie, rapport mettant en œuvre l'odorat, assis en groupe pendant deux minutes, couché en groupe pendant trois minutes.

C'est une discipline plus classique que l'agility, mais qui n'en est pas moins intéressante, y compris pour le public assistant à des démonstrations ou à des concours. Elle comble, d'une certaine façon, un vide : ces exercices étaient jusqu'alors pratiquement réservés aux chiens dits de garde et de défense.

> La Grande-Bretagne

En Grande-Bretagne – où les sports pour les chiens de défense sont moins développés –, l'obédience s'est structurée dans les années 1920, avec pour idée directrice de prévoir des épreuves ouvertes à toutes les races et se déroulant en même temps que les concours de beauté.

Plusieurs centaines de ces épreuves y sont organisées chaque année, aboutissant au titre d'*Obedience Champion*, auxquelles il faut ajouter divers championnats de travail, notamment celui de *Companion Dog*. Si plusieurs terriers ont pu s'illustrer dans ces épreuves, il s'agit néanmoins d'une discipline destinée à des conducteurs relativement expérimentés.

Bien vivre avec son yorkshire terrier

L'ÉDUCATION DU YORKSHIRE TERRIER

Avant de choisir votre chiot, vous aurez pris le soin de bien réfléchir. N'achetez jamais un chien sur un coup de tête. Ce n'est pas un objet. Cet animal est destiné à partager votre vie pendant de longues années. Vous ne vous sentez pas prêt ? Alors, renoncez !

Comment choisir son chiot

> Choisir l'éleveur

Si vous êtes sûr de vouloir un chien, commencez par choisir un éleveur. Adressez-vous à la Société centrale canine, qui vous communiquera les portées disponibles dans votre région. Consultez les annonces des revues cynophiles et contactez le Club français du terrier du Yorkshire, qui vous orientera sur les éleveurs (une réputation n'est pas le fruit du hasard) susceptibles de vous céder un chiot. Méfiez-vous des petites annonces des journaux gratuits. Je dirai même, ignorez-les ! Fiez-vous à la réputation des élevages. La visite d'une exposition canine peut vous permettre de contacter des éleveurs et de voir évoluer de beaux yorkshires.

> Choisir le chiot

Il vous faut maintenant choisir le chiot. Afin d'éviter quelques mésaventures, assurez-vous que les chiots qui vous sont présentés sont en parfaite santé. L'œil doit être étincelant et propre, le petit nez humide, le poil brillant et sans pellicules, la peau douce sans aucune rugosité, les oreilles propres et sans odeur, et les fontanelles fermées. Le chiot doit être robuste, son carnet de vaccination à jour. Il doit être tatoué et âgé d'environ 3 mois.

Tous les yorkshires ne sont pas champions de beauté, mais tous sont beaux et conformes au standard dès lors qu'ils sont produits par des éleveurs sérieux et non pas issus de croisements anarchiques.

• L'avis de l'éleveur

L'éleveur sera toujours disponible pour vous conseiller pendant et après l'achat du chiot. Il vous indiquera ce que deviendra votre chiot à l'âge adulte : couleur, poids (à quelques grammes près) et caractère. Vous pouvez lui faire confiance, il connaît les parents – d'ailleurs, il vous les montrera – et il a observé le chiot depuis sa naissance. Il connaît le petit pépère peinard et le petit déluré, l'indépendant ou le pot de colle, le timide ou l'exubérant.

• La sélection sur la morphologie

Outre son caractère et sa bonne santé, observez si le chiot a bien une fourrure épaisse et soyeuse. Ses pattes, son museau, ses oreilles et la racine des poils de sa tête laisseront entrevoir une couleur feu. Ses pattes avant seront bien droites ainsi que son dos. Il portera la queue levée. Ses oreilles seront petites, en « V », elles pourront ne pas être encore dressées. Il aura une jolie petite frimousse, harmonieuse et bien équilibrée. Son aspect sera compact. Les mâles auront les deux testicules descendus. Les mâchoires seront régulières et la dentition complète.

Good Atout Chien de Thassos.

• La sélection sur le caractère

Enfin, vérifiez qu'il a bien été élevé en présence et au contact de l'homme car, dans le cas contraire, il sera difficile de créer un lien entre lui et vous.

L'acquisition d'un chiot est une décision très importante puisqu'elle vous engage pour une durée d'au moins dix années (longévité moyenne des chiens). Il convient donc de choisir avec un maximum de sérieux et d'objectivité. Il faut, en effet, se méfier du fameux coup de foudre fondé uniquement sur l'aspect physique du chiot ou sur son air attendrissant.

Les futurs acquéreurs peuvent demander à voir la portée quand elle a entre 5 et 7 semaines : cela correspond, en général, à la fin du sevrage. Il faut éviter de prendre un chiot entre l'âge de 8 et 10 semaines inclus car cela correspond à une période dite « critique », durant laquelle ils sont plus impressionnables.

• Les tests de Campbell

Le Dr Campbell a développé des tests de sélection du comportement des chiots qui sont très intéressants et faciles à réaliser par tout un chacun. Ces cinq tests portent sur l'attention sociale, l'aptitude à suivre l'homme, la dominance par contrainte, la dominance sociale, la domination par élévation.

Ainsi donc, nous disposons actuellement d'un bon outil permettant de juger correctement ce que sera le futur chiot. Il faut savoir que l'éducation d'un chiot n'est pas une chose facile et qu'il faut mettre toutes les chances de son côté.

Les étapes de la vie d'un chiot

La période de croissance du chiot est très rapide comparée à celle de l'homme. Elle comprend plusieurs étapes.

> La première étape

La première étape, de la naissance à 10 jours, correspond à une vie léthargique. Le chiot est aveugle, sourd et sans odorat. Son activité essentielle consiste à dormir.

> La deuxième étape

La deuxième étape, de la 2e à la 3e semaine, est la phase de développement des sens du chiot.

L'évolution du chiot

Jusqu'à ce que ses yeux s'ouvrent, le chiot vit en étant totalement dépendant de sa mère. Vous veillerez sur lui et serez attentif à lui assurer un « dodo » toujours propre.

Vers l'âge de 10 jours, il ouvre les yeux et les oreilles et commence à ramper.

À 3 semaines, il se met à manger dans l'assiette de sa maman à qui vous donnerez, de préférence, une alimentation finement hachée sous forme de bouillie.

À 4 semaines, il se déplace dans le petit espace que vous lui aurez octroyé. Cet espace ne doit pas être glissant. Le chiot n'est pas isolé, il doit faire son apprentissage de la vie au milieu de ses frères et sœurs, avec sa mère, ainsi que des hommes. C'est le moment de commencer les câlins et les jeux.

À 2 mois, il commence à se séparer de sa mère. Cette séparation doit se faire en douceur, et vous prendrez le relais. Petit à petit, sa dentition va sortir et vous introduirez des aliments plus solides dans sa ration.

De 2 à 3 mois, vous allez démarrer son éducation en lui inculquant les premières notions de propreté et en jouant avec lui. De même, vous lui ferez découvrir la vie en société.

À 3 mois, il trouvera un maître pour la vie qui continuera, en douceur mais fermement, son éducation.

À 12 mois, il aura affirmé son caractère et, bonnes ou mauvaises, ses qualités seront là *ad vitam aeternam*.

> La troisième étape

La troisième étape – la plus importante à mon avis –, de 20 jours à 2 mois, correspond à la période de socialisation et d'« imprinting » (phénomène d'empreinte). Durant cette période, le chiot doit vivre avec ses congénères et également au contact d'humains car, privé des uns ou des autres, il ne subirait qu'une seule empreinte ; ce qui le rendrait, par la suite, très malhabile, voire agressif, vis-à-vis de l'espèce inconnue.

La phase de l'imprinting est donc fondamentale et déterminante pour l'équilibre du chien. C'est pourquoi le chiot doit vivre avec sa mère et ses frères et sœurs. Chaque jour, l'éleveur veillera à le prendre dans ses bras, à jouer avec lui, à le caresser, à lui parler et à le familiariser avec le monde extérieur.

> La quatrième étape

Enfin, le chiot atteindra la phase juvénile qui va de 2 mois et demi à 12 mois. C'est alors le moment d'entreprendre son éducation proprement dite.

L'arrivée du chiot à la maison

> Avant

Avant ce grand événement, pensez à lui acheter une corbeille en tissu, que vous placerez dans un coin tranquille mais pas isolé : la cuisine semble un endroit idéal. C'est un bébé et il aura besoin de beaucoup de sommeil.

Le yorkshire possède une grande faculté d'adaptation et vous verrez qu'en l'espace de quelques jours votre chez-vous deviendra son chez-lui.

> La première nuit

La première nuit risque d'être animée. Il va vous tester. Vous l'entendrez gémir, pleurer. Assurez-vous de lui avoir donné tout ce qu'il lui faut et résistez à ses appels, n'en faites pas un chien capricieux. Par la suite, vous pourrez choisir de placer son panier au salon ou dans votre chambre, en toute liberté. Attention, un chiot n'est pas un jouet : vous veillerez sur son repos et ne le tripoterez pas sans arrêt.

> Les premiers jours

Vous laisserez toujours à sa disposition un bol d'eau fraîche. Le premier jour, ne vous inquiétez pas si votre york refuse de manger ou s'il est un peu perturbé.

Ne changez pas radicalement son alimentation ; l'éleveur vous aura sans doute donné quelques échantillons de sa nourriture habituelle que vous devrez utiliser. Puis, petit à petit, vous pourrez confectionner les repas de votre choix.

> La propreté

À 3 mois, votre chiot ne sera pas encore propre, même si l'éleveur lui a déjà donné quelques notions. Vous devez continuer l'éducation de votre yorkshire. Évitez tapis et moquette, dans un premier temps, car bébé york risque d'y faire quelques petits pipis.

Afin de le rendre propre, vous prendrez l'habitude de le sortir dès son réveil et juste après les repas. Vous ne le gronderez que si vous l'avez pris en flagrant délit, sinon c'est inutile car votre chien ne comprendrait pas votre réaction.

> De nouvelles habitudes

Le chiot aura sans doute déjà acquis des habitudes, aussi ne vous étonnez pas s'il vous réveille à une heure inhabituelle ; cette heure est très certainement l'heure à laquelle se réveillait son éleveur. Un peu de patience, il prendra très vite votre rythme.

> Son nom

Vous devez lui choisir un nom. Veillez à ce qu'il soit simple et sans ressemblance avec les mots que vous utilisez pour lui donner des ordres. Ce nom doit attirer son attention, aussi ne l'utilisez pas cinquante fois par jour sinon il finira par attendre un signe plus tangible de votre part pour lever la tête.

> Non !

Le premier mot qu'il devra comprendre, c'est non ! Il doit impérativement obéir à ce mot. C'est la base de votre contrôle sur lui. Il intégrera beaucoup d'autres mots tels que « en voiture », « on sort », « au dodo », « à manger », « viens vite », etc. Sachez que, plus que les mots, ce sont les intonations qui comptent. Vos gestes, votre attitude sont également très importants.

L'apprentissage de la propreté

L'éducation de votre york commencera par l'apprentissage de la propreté. Un chiot de 3 mois devient propre assez rapidement. Dans un premier temps, utilisez des journaux ou des serpillières et sortez-le dès son réveil, après chaque repas et chaque séance de jeux.

> La récompense

Surtout n'oubliez pas de le récompenser lors du pipi au-dehors. En revanche, ignorez-le si, de retour à la maison, il se met à uriner ou à déféquer. Nous avons vu précédemment que l'attention que vous lui portez est reçue comme une récompense, aussi ne nettoyez pas ses salissures devant lui.

> Se faire comprendre

Un chien ou même un chiot ne salira jamais l'endroit où il dort ; à vous de lui faire comprendre qu'il doit considérer toute la maison comme son panier.

Si vous avez opté pour les vieux journaux ou la serpillière, rapprochez-les graduellement, mais assez rapidement, de la porte, sinon votre york pourra rester des heures dehors et, malgré tout, rentrer faire ses besoins à la maison.

> Soyez attentif

Le meilleur conseil que l'on puisse donner, c'est de porter une grande attention à votre yorkshire et de le sortir dès que vous pressentez que le pipi va arriver (en général, il se met à tourner en rond, le nez à terre). La première semaine, ne lui laissez pas de bol d'eau la nuit car il boirait pour s'occuper, puis serait incapable de se retenir jusqu'à sa sortie matinale. Ne le frappez surtout pas, ne lui criez pas dessus : cela ne ferait que le rendre nerveux et vous valoir une nouvelle inondation. Ne lui mettez jamais « le nez dedans », d'une part parce que c'est détestable et d'autre part parce que, par cet acte, vous risquez de perdre sa confiance.

Les premiers ordres

> La laisse

Vers 3 ou 4 mois, vous pouvez commencer l'apprentissage de la promenade en laisse à votre yorkshire. Il faut lui faire comprendre que la laisse fait partie de sa vie. Au départ, vous organiserez de courtes sorties dans des endroits calmes et, surtout, où il y a peu de monde. Emportez avec vous une récompense (petit gâteau, jouet, etc.). Ne tirez jamais sur la laisse, il tirerait dans le sens opposé. Initiez-le à marcher à vos côtés en lui parlant. Laissez-le choisir sa direction, ne le laissez pas tirer sur sa laisse et ne le tirez pas pour autant, vous éviterez d'avoir un chiot « freinant des quatre fers ». De retour à la maison, il prendra son repas en étant toujours attaché à sa laisse que vous continuerez à tenir. Ainsi, il associera promenade en laisse et récompense.

> Des ordres cohérents

Ce n'est qu'au-delà de 6 mois que pourront commencer les promenades en ville. Pour que votre yorkshire réponde à vos ordres, il vous faudra toujours employer les mêmes mots

associés à un même geste pour un même ordre. En appuyant légèrement sur le dos de votre chien, à la base de la queue, vous lui direz « assis » en le maintenant dans cette position. Ainsi, il associera le mot à la position assise. Faites-lui assimiler chaque ordre de la même manière. Pour l'injonction « couché », commencez son apprentissage en utilisant le moment où il aura spontanément décidé de se coucher. Puis, récompensez-le.

Enfin, vous devez lui apprendre le « stop » ou « pas bouger », ordre très utile, notamment lors de promenades à la campagne : en effet, si une voiture arrive, votre york saura rester immobile et ne tentera pas de vous rejoindre au risque de se faire écraser. Cet ordre s'apprend lors des séances de toilettage quotidiennes et se révèle indispensable pour les chiens d'exposition, qui doivent souvent rester de longues minutes en position statique sur leur podium au cours des jugements.

> L'AUTORITÉ

N'oubliez jamais que ce n'est pas votre chien qui vous promène, mais vous qui le promenez. Il doit revenir au pied sur votre simple demande. Pour ce faire, vous lui apprendrez très jeune : vous vous cacherez et vous l'appellerez par son nom en lui disant « viens » ; comme il n'aime pas être seul et qu'il aura eu très peur de vous perdre, il arrivera très vite.

En ville, nous vous conseillons de toujours promener votre yorkshire en laisse, même si vous lui avez appris à marcher au pied. Ne risquez pas un accident. Pour la même raison, évitez les laisses à enrouleur, ce n'est pas quand votre chien est à 4 m que vous pouvez intervenir.

Les grands principes de l'éducation

> Les traités

Les traités d'éducation, de dressage et de psychologie canine ne manquent pas, mais tous concernent les chiens de berger ou les chiens de chasse (arrêt, spaniels ou retrievers) qui sont, en fait, les chiens les plus éducables et les plus aptes à remplir des tâches nécessitant un dressage poussé. Est-ce à dire que les autres

chiens, spécialement les terriers et les chiens de compagnie, sont désespérément rétifs à l'éducation ? Les spécialistes se sont bien penchés sur le cas des molosses et des chiens de garde mais pas sur celui des terriers, dont on reconnaît pourtant le caractère aussi affirmé que particulier.

> Les dresseurs

Les dresseurs professionnels sont de plus en plus sollicités pour épauler les maîtres dépassés par la désobéissance de leur chien. Leurs interventions concernent toutes sortes de chiens, les petits comme les gros mais, cependant, fort peu de terriers, bien que ceux-ci soient considérés comme des chiens plutôt désobéissants.

> Un problème de mode

En y regardant de plus près, on s'aperçoit que bien des chiens posant des problèmes appartiennent aux races à la mode. Leurs maîtres se sont davantage fiés à leurs goûts et aux « tendances » repérées dans les magazines et les publicités.

> Le cas particulier des terriers

Cela dit, les conseils généraux prodigués par les manuels d'éducation canine doivent être adaptés à la psychologie particulière des terriers. C'est dans leurs rangs, en effet, que l'on trouve le plus grand nombre d'animaux indépendants : pas entièrement soumis au chef de meute, mais ne lui disputant pas systématiquement la suprématie. Ils possèdent énormément de dynamisme, c'est-à-dire une capacité à se passionner et à s'emporter pour un rien.

> La punition

• La punition physique

Le yorkshire est sensible aux punitions physiques. Je n'ai jamais vu celles-ci avoir une quelconque efficacité. En revanche, j'ai souvent constaté que les yorks craintifs étaient ceux dont les maîtres avaient eu recours aux punitions physiques pour les éduquer.

Très souvent, les remontrances sont interprétées par le york comme une marque d'intérêt, et il s'ingénie à trouver quelles mimiques vous feront pardonner sa bêtise.

• Sur le fait

La punition n'est pas un bon moyen d'éducation. Mais si punition il y a, c'est à l'instant même de la frasque qu'il faudra la donner car, si le chien a beaucoup de mémoire, il est toujours incapable de faire la relation entre son comportement passé (ne datant même que de quelques minutes) et l'attitude présente de son maître. Il associe la remontrance avec ce qu'il est en train de faire à ce moment précis. Une punition différée ne peut donc lui laisser qu'un sentiment de stupéfaction, voire d'inquiétude.

• Ne pas céder

Une punition ne doit jamais correspondre à une situation que le chien pourrait vivre en temps normal. Ne commettez jamais l'erreur d'enfermer votre chien seul dans une pièce, après une réprimande, car, par la suite, chaque fois qu'il se retrouvera seul, il associera votre absence à une punition. Enfin, sachez qu'il suffit bien souvent de hausser le ton et d'avoir une intonation différente pour que votre york comprenne. Surtout ne cédez pas, qu'il boude ou qu'il vous regarde avec un air de chien battu, restez ferme, sinon c'est lui qui prendra le dessus et alors, « bonjour les dégâts » !

> La récompense

Nous préférons les récompenses parce qu'elles sont plus efficaces que les punitions et, surtout, beaucoup plus agréables. Un chien a tendance à reproduire l'action qui a motivé une récompense. Celle-ci est donc le meilleur moyen d'éduquer vite et bien votre york.

Les récompenses peuvent aller de la friandise aux simples félicitations, en passant par le gros câlin. À chaque bonne action, une récompense. De plus, pour mener à bien l'éducation de votre chien, il vous faut employer des mots simples, courts, et toujours les associer aux mêmes gestes ou aux mêmes ordres. Votre vocabulaire devra être limité, car un chien ne peut pas mémoriser des centaines de mots.

Quelques problèmes concrets

> La solitude

Pour peu qu'il ait ses jouets et son dodo, votre york supportera bien la solitude, étant entendu qu'elle ne lui sera pas imposée des heures durant. Vous lui apprendrez à ne pas aboyer, voire hurler pendant votre absence, ce qui pourrait gêner le voisinage. Pour ce faire, après être sorti, vous resterez quelques instants près de chez vous et au premier aboiement vous entrerez le réprimander. Trois ou quatre séances devraient suffire pour qu'il n'aboie plus en votre absence.

À votre retour, assurez-le de votre tendresse en le caressant et en jouant avec lui, ainsi il comprendra que votre retour est synonyme de joie et saura vous attendre à chacune de vos sorties.

> La voiture

En général, le york supporte bien les voyages en voiture. Au départ, pour l'habituer, emmenez-le faire de courts trajets. Il apprendra à se tenir assis sur le siège à côté de vous, à ne pas vous déranger et à ne jamais monter ou descendre de voiture sans y avoir été invité. Soyez très vigilant sur ce dernier point. J'avais commis trois erreurs : il portait sa laisse qui est une invitation à la promenade, je ne lui avais pas dit « pas bou-

ger » et, enfin, quelle idée de laisser son york dans sa voiture alors que des dizaines de chiens sont volés chaque année. Croyez-moi, je ne l'ai pas oublié !

Vous pourrez faire de longs trajets avec votre petit chien si, bien sûr, vous pensez à faire des pauses pour qu'il se dégourdisse les pattes et boive.

> La cohabitation avec les autres animaux

Le york cohabite sans problème particulier avec les chiens, les chats et les autres animaux domestiques. Il préfère quand même les chiens, indépendamment de la race. Avec un autre chien, il peut tout partager, et surtout les jeux.

Pour que la cohabitation se passe bien, vous devez respecter la hiérarchie qui s'est instaurée entre les deux animaux : comme servir toujours en premier le dominant, que ce soit pour les caresses ou pour la nourriture. Dans le cas contraire, vous exposez le dominé à une correction. Laissez le york qui a « piqué » le dodo du berger allemand, quitte à ce que celui-ci dorme par terre, sinon le petit lui fera mener une vie infernale, l'empêchant de dormir en lui mordillant les babines, la queue et en lui aboyant dans les oreilles. Alors, laissez-les se débrouiller : chacun saura trouver sa place !

Avec les autres animaux, en règle générale, le york est plutôt indifférent. En revanche, si le courant ne passe pas, c'est la véritable guerre !

La santé du Yorkshire Terrier

Après avoir acheté votre chiot york, allez consulter votre vétérinaire, que votre petit compagnon vous paraisse en pleine forme ou pas. S'il est en parfaite santé, ce sera l'occasion de faire connaissance. Un examen complet ne nuit pas, votre vétérinaire vous conseillera et détectera rapidement une carence ou un besoin de vermifuge. Ainsi, au moindre petit problème, vous pourrez lui téléphoner, prendre conseil et décider avec lui si une consultation s'impose.

Les parasites internes

Ils doivent être éliminés à l'aide de vermifugations. Cependant, les cycles biologiques des vers digestifs sont complexes ; il est donc parfois difficile de s'en débarrasser.

> L'ascaridiose

L'ascaridiose est une helminthose, due à la présence dans l'intestin grêle du chien d'un nématode adulte appartenant à la famille des ascarides : *Toxocara canis.*

Ce nématode mesure de 5 à 12 cm et possède une paire d'ailes céphaliques en fer de lance. Non hématophage, il se nourrit de chyme intestinal (glucides surtout).

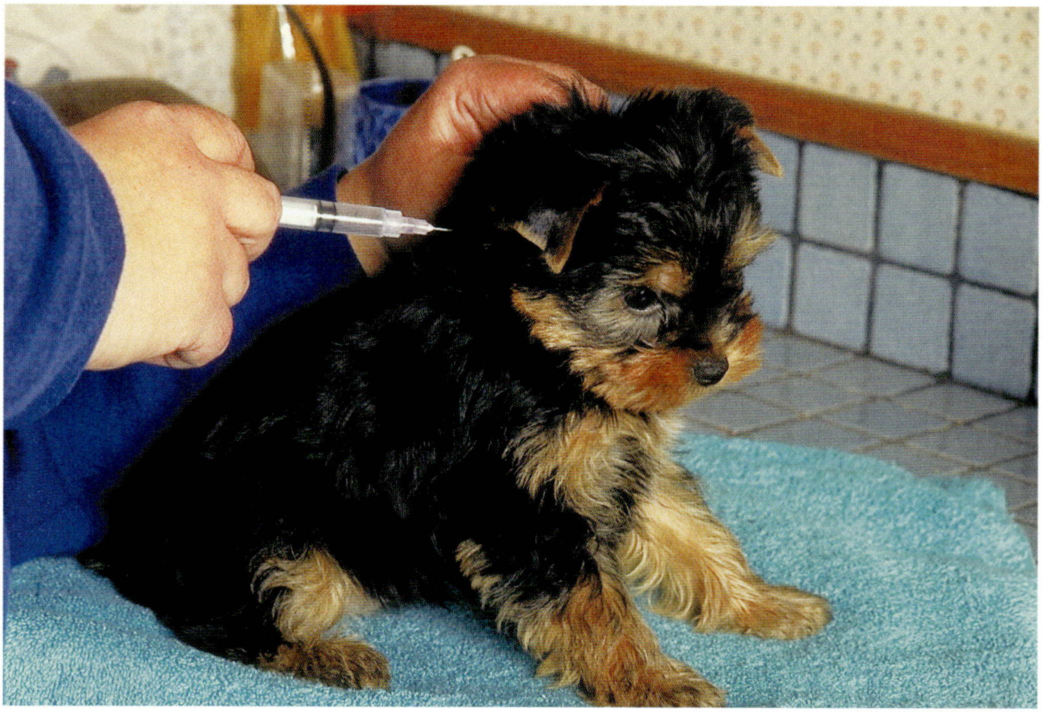

Le jeune york peut être contaminé *in utero*, ou dès les premières tétées, ce qui explique la fréquence élevée de l'ascaridiose chez les animaux de 2 mois et demi à 3 mois.

Cliniquement, l'ascaridiose imaginale est le plus souvent discrète, elle est révélée généralement par le rejet de parasites avec les matières fécales (remarqué par le propriétaire) ou lors de vomissements.

Des troubles digestifs (dyspepsie, diarrhée, tympanisme, obstruction), nerveux (crises épileptiformes), osseux (rachitisme) peuvent se développer si l'infestation est massive ou si les animaux ne sont pas systématiquement traités.

Le diagnostic repose sur la présence de vers adultes rejetés dans les matières fécales ou sur la mise en évidence des œufs qui sont caractéristiques.

> La trichurose

La trichurose du chien est une affection parasitaire cosmopolite, due à un nématode de 4 à 7 cm de longueur, ayant une forme de fouet : *Trichuris vulpis* (famille des trichuridés). Ce parasite hématophage vit, à l'état adulte, fixé à la muqueuse du côlon et du cæcum. L'affection atteint les animaux de tous âges, avec cependant une fréquence plus élevée chez les jeunes. Les parasites exercent une action spoliatrice (hématophagie), toxique, traumatique et bactérifère qui se traduit cliniquement par des symptômes :

– d'anémie ;

– digestifs : diarrhée quelquefois striée de sang, coliques ;

– généraux : dégradation de l'état général et état fébrile dans les fortes infestations ;

– des troubles de la reproduction : stérilité, impuissance.

Ces symptômes ne sont pas constants et, quelquefois, seul un état d'hyponutrition est observable.

D'autres symptômes, anatomiques ceux-là, peuvent apparaître : la trichurose se caractérise par des lésions du cæcum et du côlon.

En premier lieu se révèle la présence de vers adultes implantés dans la muqueuse par leur extrémité antérieure amincie. La paroi des organes est le siège d'une thyplocolite catarrhale. Cette affection peut être grave lors de fortes infestations. Elle peut entraîner la mort.

Les symptômes énumérés doivent conduire le praticien à confirmer le diagnostic par la mise en évidence d'œufs caractéristiques du genre *Trichuris* dans les matières fécales.

Un traitement spécifique peut être mis en place, associé à des mesures de prophylaxie.

> La dirofilariose

La dirofilariose cardiopulmonaire du chien est une affection due à un nématode de la famille des filariidés : *Dirofilaria immitis*.

À l'état adulte, ce parasite se localise essentiellement dans le cœur droit et l'artère pulmonaire.

Cette affection se rencontre principalement dans les régions peuplées par les vecteurs. En France, on la rencontre surtout dans les régions humides : Dombes, Camargue, Roussillon, Sologne.

Les symptômes, peu caractéristiques, se mettent en place très progressivement (amaigrissement, toux, essoufflement).

Le traitement est possible (mais difficile) par action soit sur les microfilaires, soit sur les parasites adultes. En prévention, il existe un médicament antiparasitaire à administrer tous les mois durant la période à risque.

> Le téniasis

Le téniasis du chien est une helminthose due à différentes espèces de cestodes vivant dans l'intestin grêle.

Les hôtes intermédiaires qui interviennent dans le cycle évolutif du parasite peuvent être les moutons, les ruminants, les porcs, les lapins, les puces et les poux.

Les parasites exercent une action traumatique (crochets et taille du ver), spoliatrice (fonction de l'espèce) et toxique se traduisant par des symptômes peu accusés : parfois de l'anémie, de la dysphagie, de l'entérite.

Le diagnostic est souvent posé par le propriétaire lui-même, qui remarque dans les selles ou les vomissements la présence de segments du parasite. Le signe du traîneau a une certaine valeur diagnostique d'orientation (inflammation des glandes anales, provoquée par l'enfoncement de segments dans ces glandes). Il convient de réaliser alors un examen coproscopique pour confirmer cette suspicion.

> La vermifugation

Pour éviter l'infestation de votre yorkshire, vous devez vermifuger le mâle adulte une fois par an et avant qu'il effectue une saillie. La femelle adulte, quant à elle, sera traitée au premier jour des chaleurs, ainsi qu'avant et après la mise bas.

Les chiots seront vermifugés vers l'âge de 3 semaines et chaque mois jusqu'à 1 an. L'éleveur aura pris soin de les vermifuger une semaine avant la première vaccination. Rien n'est plus banal que la vermifugation. Mais attention, rien n'est plus dangereux que d'utiliser un produit inadapté. Aujourd'hui, il existe des vermifuges polyvalents qui s'administrent en une seule fois et ne présentent aucun effet secondaire. Lisez attentivement la notice d'utilisation du vermifuge et suivez ce qui est prescrit. Soyez vigilant quant aux dates de péremption.

Les vaccinations

L'éleveur aura fait vacciner votre york, à l'âge compris entre 6 et 8 semaines, contre la maladie de Carré, l'hépatite, la leptospirose et la parvovirose. Un mois après, le rappel devra être effectué et ce sera peut-être le moment de le vacciner contre la rage, sachant que le vaccin n'est valable qu'un mois après l'injection. Soyez vigilant, ne laissez pas passer la date du rappel (un an de date à date). Sachez que, pour une parfaite immunité, il est préférable que le chiot soit vacciné à 3 mois. Avant 7 semaines, les anticorps transmis par la mère neutralisent les vaccinations.

Il est indispensable que votre yorkshire soit vacciné. Vous devez observer les règles élémentaires d'hygiène et de propreté et ne pas hésiter à consulter votre vétérinaire en cas de problème. Une détection précoce de la maladie peut lui sauver la vie.

Les maladies

Les maladies infectieuses sont contagieuses et peuvent être mortelles, d'où l'importance de la vaccination.

> La maladie de Carré

Elle atteint plus particulièrement les chiens de moins de 2 ans, mais peut frapper à tout âge. Le chien a de la fièvre, il refuse la nourriture, son poil devient terne, ses yeux et son nez coulent et il tousse bruyamment. Une paralysie

Les vaccinations

Maladie	Primo-injection	1er rappel	Rappel
Carré	7 semaines	moins de 1 mois	moins de 1 an
Hépatite	7 semaines	moins de 1 mois	moins de 1 an
Leptospirose	7 semaines	moins de 1 mois	moins de 1 an
Parvovirose	7 semaines	moins de 1 mois	moins de 1 an
Rage	3 mois	moins de 1 mois	moins de 1 an
Herpès	7 semaines	moins de 1 mois	moins de 1 an
Toux de chenil	7 semaines	moins de 1 mois	moins de 1 an
Piroplasmose	2 injections la première année		1 rappel par an

peut s'installer et le chien présenter des troubles nerveux irréversibles. À ce stade, l'évolution est souvent fatale.

> L'HÉPATITE

Voisine de la maladie de Carré, l'hépatite présente des symptômes ressemblants. Le traitement est le même. Le chien présentera pendant dix à vingt jours une cornée opacifiée (kératite bleue).

> LA LEPTOSPIROSE

C'est une maladie transmise par les rats, les mulots et les souris. C'est très souvent en léchant les déjections de ces derniers ou d'un congénère contaminé que votre chien attrapera cette maladie très grave. Il peut aussi être contaminé en buvant de l'eau dans des mares ou des flaques. Il existe trois formes cliniques de la maladie :

– dans sa forme digestive, votre chien est victime de vomissements, de diarrhées hémorragiques ; il a de la fièvre, compliquée par une insuffisance rénale, une myocardite, des lésions oculaires et encéphaliques ;

– dans sa forme rénale, les urines sont foncées et rares, le taux d'urée est très élevé ;

– dans sa forme hépatique, vous constaterez l'apparition d'un ictère jaune-orangé.

> LA PARVOVIROSE

Cette maladie d'évolution rapide, dont l'incubation dure entre trois et quatre jours, se révèle mortelle si le chien ne reçoit pas les soins nécessaires très rapidement.

Les symptômes sont des vomissements, le chien est prostré et ne s'alimente plus, il souffre de diarrhées hémorragiques et se déshydrate.

> LA PIROPLASMOSE

La piroplasmose est une affection parasitaire, infectieuse, inoculable et non contagieuse, due à un protozoaire vivant dans les hématies *(Piroplasma canis)*. Ce parasite est transmis par des tiques. L'affection est donc géographiquement liée à l'existence de ces ixodidés.

La piroplasmose revêt également, pour cette raison, un caractère saisonnier (printemps et fin de l'automne-hiver).

Cliniquement, cette maladie se traduit par un syndrome hémolytique, avec anémie, évoluant de manière aiguë ou chronique.

Les symptômes principaux sont :

– une hyperthermie qui ne persiste qu'au début de l'affection (environ vingt-quatre heures) ;

– une inappétence, un abattement ;

– des troubles locomoteurs ;

– de l'anémie ;

– des signes urinaires : bilirubinurie, hémoglobinurie.

En l'absence de soins, un ictère apparaît. L'évolution, en dehors de tout traitement, se fait vers le coma, puis la mort.

Des complications peuvent survenir et les formes atypiques ne sont pas rares.

Le diagnostic clinique est généralement facile. La saison et l'aire géographique sont de bons facteurs d'orientation. Le diagnostic de laboratoire se fait par la mise en évidence des parasites dans les hématies, sur frottis colorés.

> La rage

Les symptômes sont ceux de la maladie de Carré, de l'encéphalite bactérienne et des affections médullaires. L'incubation est très variable. Votre animal aura des troubles du comportement, des accès de fureur, sa voix sera modifiée, il sera victime de convulsions et de paralysie. L'évolution de la maladie conduit à la mort.

> L'herpès

Mortel chez le chiot, il se manifeste à travers des vomissements, des diarrhées et des troubles nerveux.

> La leishmaniose

La leishmaniose est une protozoose infectieuse, d'évolution lente (plusieurs mois généralement). Elle est due à la présence et à la multiplication dans l'organisme d'un protozoaire *(Leishmania donovani)* parasite des globules blancs, transmis au chien par un moustique, le phlébotome. Elle sévit de manière endémique sur tout le littoral méditerranéen, la Provence et également dans quelques foyers isolés (Rhône).

L'incubation peut être longue : de trois à dix-huit mois.

Les symptômes, au début, sont peu significatifs : adynamie, hyperthermie modérée et irrégulière, parfois épistaxis (saignement de nez).

Une fois que la maladie est déclarée s'installent des manifestations cutanées et viscérales.

Manifestations cutanées :

– dépilation ;

– parakératose ;

– allongement anormal des ongles ;

– ulcères cutanés, souvent surinfectés.

Manifestations viscérales :

– adénopathies ;

– splénomégalie ;

– amaigrissement (surtout des muscles crotaphytes : tête de vieux).

La leishmaniose est une affection grave, qui évolue vers la mort à partir du moment où l'atteinte viscérale est nette.

Le diagnostic clinique est généralement aisé. Des examens de laboratoire (sérologie) le confirmeront.

Un traitement est possible, mais l'animal reste toujours porteur de parasites et les rechutes sont fréquentes.

> La toux de chenil

La toux de chenil est une trachéite, associée à une laryngite et à une bronchite.

Une toux quinteuse et forte apparaît. Le chien présente des sécrétions nasales et oculaires. Il existe des traitements antibiotiques efficaces.

Les parasites externes

> Les puces

Ce parasite temporaire est responsable de la plupart des allergies et eczémas. Le chien souffre de démangeaisons, il se gratte, se mord ; très rapidement apparaissent des plaques d'eczéma, des croûtes et une perte de poils. Il convient de traiter l'animal, mais aussi son environnement. En effet, ce parasite ne vit pas en permanence sur le chien : la puce fait des œufs dans les parquets, les tapis ou le panier du chien. Pour en venir à bout, il faudra choisir un traitement antiparasitaire. Pour cela, il faut demander conseil à votre vétérinaire. En effet, mal utilisés, ces produits peuvent avoir de graves conséquences et provoquer des allergies. En prévention, votre vétérinaire pourra vous orienter sur des produits très efficaces.

> Les poux

Moins répandus que les puces, les poux restent en permanence sur l'animal. La peau est irritée et présente des pellicules. Des lentes sont collées sur la base du poil. Le traitement est le même que pour les puces.

> Les tiques

La tique est un parasite très dangereux, car elle peut transmettre à votre chien des maladies parasitaires graves : la piroplasmose, la maladie de Lyme... Au printemps et à l'automne, brossez votre york après chaque sortie dans l'herbe. Enlevez les tiques à l'aide d'une pince à épiler, après les avoir préalablement endormies avec de l'éther.

Hormis le risque important des maladies, le rôle pathogène des tiques est discret car, en général, elles ne provoquent pas de démangeaisons.

Les lésions de la peau qu'elles occasionnent sont peu prurigineuses, bien localisées au point de fixation. Ces lésions évoluent fréquemment vers la formation d'un petit abcès.

> La gale

Il existe trois sortes de gale.

• La gale notoédrique

C'est la gale des oreilles. C'est une affection bénigne, mais très contagieuse. Cet acarien cause un prurit et produit un cérumen noirâtre et malodorant. Un traitement local suffira à la faire disparaître rapidement.

La gale notoédrique est une affection due à un acarien psorique *(Notoedres cati)* du chat, qui peut, exceptionnellement, passer chez le chien. Ce point est important à connaître pour l'épidémiologie de cette acariose.

Ch. A Beautiful Rêverie du Houlme.

Cette affection, peu prurigineuse, est localisée surtout à la tête et aux membres. On note des lésions de calvescence (pelage mité) et d'hyperkératose.

Le diagnostic de laboratoire se fait par la même technique que pour la gale sarcoptique (les notoèdres étant relativement faciles à mettre en évidence).

• La gale sarcoptique

Le york perd ses poils, il se gratte et des croûtes apparaissent. La peau est épaisse, graisseuse et couverte de boutons. Les pointes des coudes et les oreilles sont à surveiller.

La gale sarcoptique du chien est une affection parasitaire cutanée infectieuse, très contagieuse, due à la présence et à la multiplication dans la couche cornée de l'épiderme d'un acarien appartenant à la famille des Sarcoptidés *(Sarcopte scabiei).*

Cette affection est très fréquente et peut atteindre des animaux de tous âges. La promiscuité des animaux est un bon facteur de contagion. Dans une communauté, il est rare qu'un seul animal soit atteint.

La gale sarcoptique est une affection très prurigineuse, entraînant rapidement des lésions de grattage. Les lésions apparaissent en premier lieu sur la tête, à la face externe des oreilles, sur la ligne inférieure du corps, à la face externe des épaules, à la pointe du coude et du jarret. Si l'infestation est ancienne, l'ensemble du corps peut être atteint.

Ce sont des lésions de calvescence avec présence de boutons de gale. La gale sarcoptique est une dermatose sèche.

Il faut noter que, chez les jeunes animaux, le prurit est faible ou inexistant et que les dépilations sont plus nettes (gale juvénile).

Le diagnostic peut être confirmé par la mise en évidence (pas toujours aisée) des parasites dans un prélèvement profond éclairci au lactophénol.

L'homme peut contracter la gale du chien. Cette affection se manifeste par quelques papules prurigineuses, généralement localisées aux régions en contact avec l'animal. Ce caractère de contagiosité est un bon élément de diagnostic.

• La gale démodécie

Elle est très rebelle et très difficile à traiter car elle s'implante dans la racine des poils. Votre york se gratte et une dépilation s'effectue par plaques.

La démodécie est une affection inflammatoire de la peau, due à la présence et au développement dans les follicules pileux d'un acarien *(Demodex canis)*.

Cette affection fréquente atteint surtout les jeunes animaux (de moins de 1 an généralement), et principalement les races à poil court. Elle se traduit essentiellement par de l'alopécie et de l'érythème, avec absence de prurit (dans la forme simple).

Le mode de contamination majeur se fait de la mère au chiot, lors de l'allaitement.

Cliniquement, la démodécie existe sous deux formes : localisée et généralisée.

La forme localisée

L'affection débute par un érythème peu marqué, accompagné de dépilation légère, localisée le plus souvent à la tête (pourtour des yeux, commissures des lèvres) puis aux membres antérieurs. À ce stade, la régression spontanée des lésions est possible, mais la généralisation l'est aussi.

La forme généralisée

Les lésions décrites précédemment peuvent s'aggraver, s'étendre, puis confluer et affecter ainsi tout le corps de l'animal. Cela évolue généralement vers une surinfection bactérienne entraînant des complications de pyodermite (formation de pustules). À ce stade, l'érythème est prononcé (couleur aubergine de la peau) et un prurit peut apparaître.

Cette affection peut être aisément diagnostiquée en laboratoire. Il suffit de réaliser un raclage de peau (jusqu'à la rosée sanguine), d'éclaircir le prélèvement au lactophénol et d'observer au microscope (faible grossissement) les parasites qui mesurent environ 300 micromètres.

Le traitement de la démodécie localisée est relativement facile (traitement local). En revanche, la forme infectée ou pyodémodécie est une affection grave, pouvant entraîner la mort, qui se révèle longue et difficile à guérir et nécessite un traitement antibiotique.

> Les aoûtats

Ces petits parasites rouges, qui se logent entre les doigts et parfois sur le corps, provoquent des démangeaisons. Un traitement local en débarrassera votre york.

> Les teignes

La teigne est une affection de la peau due à trois espèces de champignons parasites : *Microsporum canis* (la principale), *Microsporum gypseum, Trychophyton mentagrophites.*

Ces dermatophyties sont contagieuses d'animal à animal, et de l'animal à l'homme. Le parasite se développe dans la couche kératinisée de la peau, des poils ou des griffes.

Ch. I am Revery Lucky Lad.

Cliniquement, l'affection débute par une plaque d'alopécie circulaire de diamètre variable. Plusieurs plaques peuvent se développer et confluer. Les lésions peuvent être diffuses, atteignant de larges portions du corps. Les plaques sont généralement squameuses, parfois érythémateuses et surélevées (inflammatoires). L'infection bactérienne secondaire est fréquente dans les affections anciennes, entraînant une destruction des follicules pileux et une alopécie définitive. Alopécie qui n'est que transitoire s'il n'y a pas de surinfection.

Les dermatophyties peuvent guérir spontanément, mais le plus souvent elles évoluent vers une généralisation des lésions.

Le traitement est à base de griséofulvine (par voie générale) et d'un antifongique local.

La teigne est une maladie contagieuse, aussi convient-il d'appliquer les règles élémentaires d'hygiène et de propreté sans lesquelles il n'est pas de traitement possible.

> La candidose

La candidose est une affection mycosique des muqueuses et de la peau. Par ordre de fréquence, les principales localisations sont : la bouche, le conduit auditif externe, les plis inguinaux, les muqueuses anale et vaginale, les espaces interdigités. Les candidoses de la peau sont rares chez le chien.

Cliniquement, l'affection se caractérise par le développement d'un enduit blanc grisâtre sur une muqueuse très enflammée (lèvres, face interne des joues, face interne de la langue), s'accompagnant d'un écoulement muqueux malodorant.

L'évolution se fait vers la chronicité, avec parfois une extension à la peau. Le traitement, à base de nystatine, doit être local et général dans les affections graves.

> Les zoonoses

Ce sont les maladies que le chien peut transmettre à l'homme : la rage (morsure) ; la leptospirose (morsure) ; la teigne (contact) ; la gale (contact).

Les principaux accidents

Apprenez à agir rapidement, sans précipitation, et à faire les premiers gestes secourables en attendant le vétérinaire.

> Les plaies

Une plaie non hémorragique : nettoyez-la à l'eau et, ensuite, appliquez un antiseptique.

Une plaie hémorragique : appliquez, en pressant fortement, une gaze ou un linge propre pour faire coaguler le sang, et consultez le vétérinaire.

> Les brûlures

Sur une brûlure légère, passez de l'eau froide pour soulager la douleur, puis désinfectez et appliquez une pommade antibiotique. Vous protégerez ensuite la brûlure avec un pansement que vous devrez changer tous les jours.

Sur une brûlure grave, appliquez un linge propre et humide, jamais de corps gras, et consultez sans attendre votre vétérinaire.

> Les intoxications

Outre les dangers encourus à la maison (insecticide, antigel, mort-aux-rats et limace), votre chien risque aussi, un jour, d'ingérer un appât empoisonné.

Si vous connaissez le produit absorbé, appelez le centre antipoison ou un vétérinaire et suivez leurs conseils. S'il vient d'ingérer le produit toxique, essayez de faire vomir votre chien, sauf s'il s'agit d'un produit corrosif. Dans tous les cas, que vous connaissiez ou non le produit, emmenez très rapidement votre chien chez le vétérinaire.

Ch. Easy Beauty III du Houlme.

> Les fractures

Immobilisez au maximum le membre blessé, placez votre chien sur un brancard (ou un linge tenu par deux personnes), bougez-le le moins possible et allez, en urgence, chez votre vétérinaire.

> Les piqûres et les morsures

Les piqûres provoquent des œdèmes ou des urticaires qui sont caractérisés par un gonflement des paupières, de la bouche et des oreilles. Si votre york a été piqué dans la gorge, il vous faut rapidement y glisser un morceau de tube plastique souple afin d'éviter l'étouffement.

Consultez votre vétérinaire, un traitement fera rapidement régresser l'allergie.

Pour les morsures de vipère, faites administrer un sérum antivenimeux le plus rapidement possible.

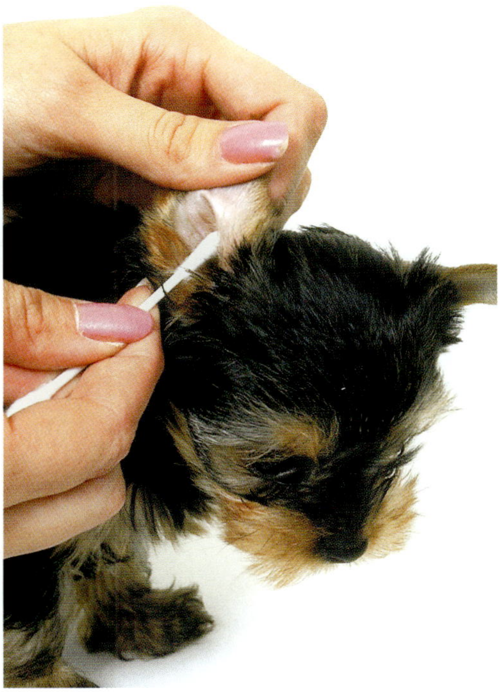

> Le coup de chaleur

Le plus souvent, un chien peut être victime d'un coup de chaleur dans un véhicule exposé au soleil et non ventilé. N'oubliez pas, la Terre tourne et, en quelques minutes, on passe de l'ombre au soleil ! Ne laissez pas votre chien en voiture, même les fenêtres entrouvertes. Le chien ne transpire pas et se ventile uniquement en respirant rapidement. Si l'air est chaud, sa température peut s'élever à plus de 41°. Le chien devient alors fébrile, se met à haleter et à saliver.

Les premiers gestes à faire pour le secourir : le mettre à l'ombre, l'arroser d'eau froide ou le baigner, le faire boire (si possible) et tenter la respiration artificielle. Il faut consulter au plus vite un vétérinaire.

Les problèmes propres à la race

> La luxation de la rotule

La luxation de la rotule est fréquente chez le york et est d'origine congénitale. Votre york marchera en boitant, par intermittence, et aura une démarche sautillante sur trois pattes (l'autre restant en flexion).

À un stade peu évolué, la rotule peut se remettre en place spontanément.

À un stade plus avancé, une intervention chirurgicale s'impose.

> Les oreilles de cuir

Le bord autour de l'oreille est noir, une substance noire et molle se développe et lorsque vous essayez d'ôter celle-ci, le poil part avec. L'oreille est très froide au toucher.

Nous conseillons de nettoyer les oreilles le plus souvent possible avec un produit adapté.

L'ALIMENTATION DU YORKSHIRE TERRIER

De l'alimentation que vous lui donnez dépend la bonne santé de votre compagnon. Chiens obèses, chiens eczémateux risquent de vous causer bien des tracas que des apports alimentaires équilibrés pourront vous éviter.

Équilibrer son alimentation

Pour beaucoup de maîtres, le chien peut être nourri de divers restes, des déchets de leurs propres mets ou encore, pourquoi pas, en partageant leur propre repas : ces solutions sont pourtant loin d'être satisfaisantes.

En effet, les chiens sont avant tout des carnivores et ils ont des besoins alimentaires qui leur sont propres. À la campagne, ils peuvent compléter les rations qui leur sont servies par de petites proies.

En revanche, les animaux des villes n'ont pas cette ressource. Et si votre chien tire sur sa laisse pour tenter de lécher quelques excréments, c'est peut-être qu'il essaie instinctivement de remédier à une carence.

> Un peu d'histoire

Pourtant, l'alimentation des animaux a fait l'objet de nombreuses observations et recommandations. Déjà, des auteurs latins indiquaient comment s'occuper des chiennes et de leurs petits, comment nourrir les molosses des armées ou les chiens des bergers.

• Une base de pain

Plus tard, au Moyen Âge, le chien est devenu le compagnon indispensable des chasses seigneuriales. Comme il importait de le maintenir en bonne forme, on le nourrissait bien. Suivant les critères de l'époque, il semble que son alimentation était à base de pain spécial composé de farine d'orge, de froment et de seigle. Selon les saisons, les disponibilités ou les nécessités, il pouvait s'y ajouter des abats ou encore de la viande d'âne, de cheval ou de mulet. La viande rouge était alors recommandée pour donner de la vigueur et « remonter » les sujets affaiblis ou fortifier les chiennes allaitant leurs petits.

• Diversification des régimes

Au XIXe siècle, les chiens sont toujours nourris de soupes de pain, mais on commence à

Un conseil

« Il est aisé de préparer des rations complètes qui apportent toute la garantie quant à la couverture de l'ensemble des besoins nutritifs pour les chiens sédentaires et urbanisés qui doivent recevoir, compte tenu de leur faible dépense énergétique, une alimentation restreinte et, par conséquent, bien équilibrée surtout qu'ils ont perdu parallèlement toute possibilité d'autocomplémentation. »

(*L'Alimentation du chien*, R. Wolter, 1982).

estimer qu'il faut enrichir cette base de légumes, de sel, de graisses et de déchets de boucherie.

Puis, reconnaissant progressivement que le chien est un carnivore, les spécialistes augmentent peu à peu la part de la viande dans les régimes qu'ils préconisent. On admettait déjà que la quantité et la qualité de la nourriture devaient varier en fonction du travail fourni.

• Connaissances actuelles

De l'observation empirique à la réflexion scientifique, les chiens bénéficient, de nos jours, de toutes les découvertes et de tous les progrès réalisés en matière de nutrition et de diététique. Il faut cependant noter que les recherches spécifiques en matière de nutrition canine sont restées pauvres pendant très longtemps.

Néanmoins, grâce à un certain nombre de travaux récents, on connaît de mieux en mieux les besoins des chiens en acides aminés, de même que l'efficacité des différentes matières premières, résultats d'études de digestibilité et de rendement métabolique. Sans compter l'amélioration de la technologie qui permet désormais une meilleure utilisation des traitements thermiques.

• La valeur nutritive de la ration alimentaire

Pour calculer la valeur nutritive de la ration alimentaire, chez les carnivores comme chez l'homme, on se réfère habituellement aux calories métabolisables, c'est-à-dire aux calories qui peuvent être utilisées pour fournir à l'organisme l'énergie nécessaire à la vie.

La teneur en calories métabolisables d'un aliment, compte tenu de la spécificité organique du chien, est ainsi évaluée :

– 1 g de glucides = 3,52 calories ;
– 1 g de protides = 3,52 calories ;
– 1 g de lipides = 8,65 calories.

> Les lipides

L'organisme des carnivores supporte relativement mieux que celui des autres espèces des taux élevés de matière grasse : jusqu'à 15 % et même 30 % de la matière sèche.

Ils utilisent relativement bien les graisses riches en acides gras saturés. Comme il faut respecter un bon équilibre entre acides gras saturés et insaturés, il est souhaitable que l'apport en lipides soit assez diversifié : graisse, lard, huile végétale. Les huiles de maïs, de soja, de tournesol peuvent très bien convenir pour le chien.

Graisses et huiles doivent toujours être très fraîches. Rances, elles perdent leurs qualités organoleptiques – l'animal peut refuser son repas – et entraînent des intolérances digestives.

Grâce à un apport équilibré en graisses, votre animal aura un beau poil brillant, il sera également mieux armé pour éviter dermatoses, artériosclérose et stérilité.

> La cellulose

Composant des végétaux, la cellulose est pratiquement indigeste, mais elle joue un rôle important dans le transit intestinal. Il serait souhaitable que les régimes en comportent de 2 à 3 % en moyenne, plus dans les régimes amaigrissants,

et jusqu'à 5 % pour les vieux animaux sédentaires ayant tendance à la constipation.

> Les protéines

Elles jouent un rôle important pour la croissance, notamment pour le développement osseux et musculaire.

L'efficacité des protéines alimentaires (viandes, poissons) dépend surtout de leur origine, des traitements thermiques et de la réalisation de bonnes associations.

Les protéines animales sont souvent mieux pourvues en acides aminés indispensables que les protéines végétales. Le collagène contenu en abondance dans les tendons, les aponévroses (membranes fibreuses qui enveloppent le muscle), est tout à fait digestible chez le carnivore, mais son utilisation dans l'organisme est très médiocre (en ce qui concerne son rendement métabolique ou biologique).

C'est pourquoi la recherche de ce produit est très importante dans les aliments humides à base de sous-produits d'abattoirs.

> Les glucides non cellulosiques (amidon et sucres)

Ils ne sont guère indispensables sur le plan physiologique, sauf pour les femelles qui attendent des petits car elles ont besoin de glucose. Les amidons très cuits – riz bouilli, flocons de céréales, biscottes, etc. – sont préférables aux sucres. Quant au lactose provenant du lait, il est mal supporté par certains sujets. Pour le chien, l'ensemble des glucides peut représenter jusqu'à 50 ou 60 % des rations.

> Les minéraux

Les besoins en minéraux sont difficiles à évaluer mais les carences, de même que les apports excessifs, peuvent être lourds de conséquences pour la santé de votre animal.

> Le calcium

On constate que les matières premières utilisées pour l'alimentation des animaux n'en fournissent pas assez, qu'il s'agisse du foie, du cœur, des viandes ou du riz.

Pour compenser ce déséquilibre, il faut donner à votre chien du phosphate bicalcique.

> Le chlorure de sodium

Les besoins sont importants. La présence de sel oblige l'animal à boire, ce qui facilite la diurèse ainsi que l'élimination des déchets minéraux et azotés. Notons que le york est particulièrement sensible aux maladies des reins (urolithiase), car il a tendance à ne boire qu'en faible quantité. Il faut donc le forcer un peu en ajoutant du sel à sa ration.

> Les oligoéléments (fer, cuivre, zinc, manganèse)

À petites doses, chacun de ces oligoéléments intervient dans le bon fonctionnement de l'organisme. Ils se trouvent en principe en quantité suffisante dans une alimentation classique. Mais attention aux régimes végétariens qui risquent d'entraîner de sérieuses carences. N'oubliez jamais que les chiens sont des carnivores.

> Les vitamines

Les exigences, relativement élevées, en vitamine A sont encore accrues par la croissance et la reproduction. Les produits animaux, et notamment le foie, contiennent cette vitamine en quantité suffisante. En ce qui concerne la vitamine D, il faut souvent en ajouter, mais très modérément, dans la pâtée des jeunes chiots, car un excès favoriserait une déminéralisation osseuse pouvant entraîner, par exemple, des fractures.

Enfin, il faut de la vitamine E à votre animal. Elle assure la protection des acides gras polyinsaturés qui rendent, entre autres, le poil brillant. Cette vitamine se trouve dans le poisson et les huiles végétales.

Muni de ces informations de base, il ne vous reste plus qu'à préparer une pâtée équilibrée pour votre bon toutou que vous voulez l'œil vif, le pelage sain et l'humeur joyeuse.

Une alimentation maison ou industrielle ?

Deux solutions s'offrent à vous : la préparation ménagère que vous confectionnerez vous-même ou les aliments industriels qu'il vous suffira d'acheter.

Quel que soit votre choix, gardez présent à l'esprit que le régime de votre animal ne doit pas être modifié trop souvent, et qu'il faut de quatre à cinq jours pour que son organisme s'habitue à un changement. Un rythme rations ménagères en semaine, boîtes le week-end (ou vice versa), par exemple, risque de provoquer chez votre compagnon des dérangements intestinaux.

> La préparation ménagère

Les repas maison peuvent très bien répondre aux impératifs d'une alimentation rationnelle, équilibrée et appétente. Mais il vous en coûtera plus de temps et souvent plus d'argent.

• Viande et poisson (50 %)

Commençons par la viande, matière première essentielle. Il faut la choisir maigre – surtout si votre animal prend peu d'exercice – pour ne pas exagérer l'apport énergétique. La viande de cheval est, de ce point de vue, bien équilibrée.

Il faut rejeter catégoriquement les résidus de parage (peau, couenne). En revanche, il n'est pas nécessaire de privilégier des viandes de premier choix. Les morceaux à bouillir, par exemple, conviennent parfaitement. Cette viande sera utilisée de préférence crue, car la cuisson rend les protéines moins digestes, et en morceaux plutôt qu'en hachis.

Les abats rouges (cœur, rognons, rate, gésier) sont excellents, en revanche les poumons et le mou n'ont qu'une valeur nutritive moyenne.

• Riz et flocons (25 %)

Aux protéines (viande ou poisson), vous ajouterez des produits amylacés : riz, pâtes, autres sources d'énergie mais d'un coût moindre. Pour être parfaitement digéré par les carnivores, l'amidon doit être très bien cuit. Attention, certains sujets sont parfois allergiques au gluten que contiennent le pain et les pâtes.

• Légumes (25 %)

Troisième élément de la pâtée, les légumes. Salades, carottes, haricots verts, permettent de réduire la concentration énergétique de la ration tout en lui conservant un certain volume. En outre, riches en cellulose, ils facilitent le transit intestinal. Oignons et poireaux sont souvent appréciés, mais on s'en méfiera car ils provoquent des flatulences.

Enfin, pour prévenir certaines carences, il ne faudra pas oublier de complémenter l'alimentation de votre animal en graisses, en lui donnant du lard ou de l'huile de maïs à raison d'une cuillerée à café ou à soupe par jour suivant son poids, des levures sèches (apport de vitamine B) et, également, des composés minéraux vitaminés.

> La préparation industrielle

Si vous n'avez pas le temps, les moyens, la patience… vous pouvez trouver sur le marché un très grand choix d'aliments tout préparés, qu'ils soient en boîtes, en sacs ou en barquettes. Les chiens bénéficient, en l'occurrence, des derniers progrès techniques de l'industrie alimentaire. Et signalons, pour vous rassurer, que ces produits ne contiennent rien de répugnant ou de malsain. En fait, ils sont constitués de certains sous-produits provenant des abattoirs ou des pêcheries, qu'il s'agisse de morceaux qui ne sont plus consommés de nos jours ou de produits que les techniques actuelles permettent de récupérer, par exemple : abats, sang, carcasses de volailles, déchets de poissons, et aussi des graisses et des graines.

La composition de ces aliments préparés, qui a fait l'objet de recherches sérieuses et qui est issue des plus récentes connaissances en matière de nutrition animale, respecte bien, dans l'ensemble, l'équilibre entre les divers éléments nécessaires à la bonne santé d'un chien.

• Les aliments humides complets ou complémentaires

Ils se présentent sous forme de boîtes de conserve métalliques ou sous enveloppes plas-

tiques (semi-conserves). Ils se distinguent par leur richesse en eau et en sous-produits d'abattoirs.

L'art est d'associer des produits azotés très différents (mamelles, poumons, abats de volailles, etc.) avec, éventuellement, des levures, des tourteaux, des céréales et des compléments vitaminés, pour aboutir à des produits de qualité stable.

La cuisson en milieu humide puis la stérilisation garantissent une gélatinisation suffisante des céréales sans altération des protéines.

• Les aliments semi-humides

Le taux d'humidité de ces produits varie entre 30 et 60 %. Stabilisés par divers additifs, ils se comportent comme des semi-conserves. De même que les aliments humides, ils sont très bien acceptés par l'animal ; de surcroît, ils sont bien digestes.

• Les aliments secs

Ils contiennent moins de 14 % d'eau. Préparés à partir de farines d'origine animale, de levures, de tourteaux, de céréales cuites et de composés minéraux vitaminés, ils se présentent sous deux formes : croquettes à consommer en l'état ou flocons à diluer pour obtenir une soupe.

Attention : si vous utilisez des aliments secs, il est indispensable de laisser à proximité de l'animal un bol d'eau fraîche.

À signaler qu'il existe également des produits congelés, de même que des préparations fraîches conservées au froid dont la date limite de consommation peut être de vingt et un jours après la fabrication.

• Lire attentivement l'étiquette

L'étiquetage de ces produits est généralement complet. Il doit comporter le nom et l'adresse du fabricant, de l'importateur ou du distributeur ; l'espèce animale à laquelle l'aliment est destiné ; la date de fabrication, le poids net mais aussi les mentions suivantes indispensables à l'information du consommateur :

– aliment complet ou aliment complémentaire. L'aliment complet doit être utilisé seul puisqu'il suffit, en principe, pour couvrir tous les besoins nutritionnels de l'animal. L'aliment complémentaire, en revanche, doit être associé à un aliment de base que doit clairement mentionner le mode d'emploi, en distinguant bien entre les préparations à base de viande (à compléter avec des céréales) et celles à base de céréales (à compléter avec des viandes) ;

– liste des matières premières utilisées par catégories et dans l'ordre décroissant d'importance pondérale ;

– additifs employés (vitamines A, D, E, antioxydants, substances colorantes, agents conservateurs).

L'étiquette peut également mentionner les teneurs garanties en calcium, phosphore, sodium, fer, cuivre, manganèse, zinc, vitamine B1. Le code des usages fixe également les règles d'utilisation de certains qualificatifs. Ainsi, le terme « viande » (au singulier) désigne le muscle, tandis que « viandes » (au pluriel) se rapporte à toutes les autres parties de l'animal. De même, « morceaux » ne s'applique qu'à des fragments d'un tout homogène ; ne pas confondre avec des « boulettes ».

Les mauvaises habitudes

N'apprenez pas à votre chiot à quémander. Évitez donc de lui donner des restes alors que vous êtes encore à table, et exigez que vos enfants et vos invités fassent de même. Ou alors, si vous voulez lui donner des restes, faites-le systématiquement ! Dans le cas contraire, vous les mettez dans une boîte au réfrigérateur et les inclurez à son prochain repas. Seconde règle : ne lui donnez jamais à manger entre les repas. S'il vous faut des friandises pour son éducation, n'en abusez pas et remplacez-les autant que possible par des caresses, c'est meilleur pour sa ligne et pour votre complicité mutuelle.

Les aliments à éviter

Même si votre chien a déjà été nourri à base des aliments cités ci-dessous, ou si ceux-ci ont été occasionnellement ajoutés à sa ration sans problèmes majeurs, ils ne doivent normalement pas se trouver dans son assiette. Ce sont :

– les pommes de terre, les haricots secs, les oignons, les choux, qui occasionnent des problèmes digestifs ;

– le jaune d'œuf cru, qui contient une antivitamine B ;

– le lait, souvent mal digéré, le chiot perdant généralement après le sevrage le système enzymatique qui lui permettait de le digérer – il faut cependant noter que certains chiens peuvent boire du lait toute leur vie sans être incommodés ; les fromages, en revanche, ne présentent pas d'inconvénient ;

– les sucreries de toutes sortes – même si le sucre ne fait pas couler les yeux ni ne rend aveugle –, car ce sont des aliments très énergétiques favorisant l'obésité ;

– les os, car si les risques de perforations intestinales sont très rares, les occlusions et les constipations douloureuses à la suite de l'ingestion d'os divers sont fréquentes ; les os ne sont pas un aliment (si l'on veut à tout prix en donner, choisir un os de veau).

La ration du chiot

> Le sevrage

Le sevrage d'un chiot york commence à l'âge de 3 semaines, même si sa mère l'allaite durant un mois et demi à deux mois. C'est souvent de sa propre initiative qu'il ira laper dans l'assiette de sa maman, d'où l'importance de donner à la chienne une alimentation en bouillie.

La première étape consistera à lui donner, le matin, du lait spécial que vous aurez acheté en pharmacie, chez votre vétérinaire ou chez un

distributeur d'aliments pour chiens. Le lait doit toujours être tiède. Bien sûr, si maman york est fatiguée ou manque de lait, cette opération peut débuter un peu plus tôt.

> À 1 mois et demi

À 4 semaines et demie, on ajoutera au lait tiède, soit de la viande hachée ou du poisson sans arêtes – d'excellente qualité et toujours frais –, soit des croquettes « spéciales chiots » que vous écraserez pour obtenir une bouillie. Le chiot a besoin de cinq repas par jour. À 1 mois et demi, en général, la maman donne trois repas de lait et vous, deux repas de bouillie (un le midi, un le soir) ; graduellement, vous ôterez le lait de ces repas.

> À 2 mois

À 2 mois, le chiot aura droit à environ quatre repas :

– le matin, un peu de lait ;

– le midi, de la viande, ou du poisson, ou du foie, ou de l'œuf avec des légumes, du riz, ou des croquettes ;

– au goûter (à quatre heures), deux biscuits ;

– le soir, de la viande ou du poisson avec des légumes, du riz ou des croquettes.

Petit à petit, le repas du midi et le goûter seront supprimés.

> À 6 mois

À 6 mois, le chiot aura deux repas par jour. Celui du soir restera le plus important : il sera

composé de viande, poisson, riz, légumes ou croquettes. Le petit déjeuner se résumera à quelques biscuits.

> De petites rations

Pour un york, les rations sont petites. À 5 semaines, les deux repas confectionnés par vos soins seront équivalents à trois ou quatre cuillères à café. À 2 mois, trois ou quatre cuillères à soupe, puis la quantité est augmentée au fur et à mesure que le chiot grandit. Le chiot a, en permanence, un petit récipient rempli d'eau propre.

Le york adulte

Sauf cas particulier, le york adulte aura deux repas par jour : un petit déjeuner composé, en général, de deux biscuits, et le dîner qui, lui, est beaucoup plus consistant. Ce repas doit toujours être équilibré, qu'il s'agisse d'une ration ménagère ou d'une alimentation industrielle. À la ration ménagère, en plus de la viande, des légumes et du riz, on ajoutera une cuillère à café d'huile, de la levure et du gruyère. Rares sont les yorks obèses mais, en vieillissant, l'embonpoint peut parfois s'installer. Pour l'éviter, il faut alléger les rations des lipides et des glucides, et les augmenter en fibres (légumes). L'alimentation industrielle propose des aliments allégés. Bien sûr, il faut aussi interdire les friandises.

Sachez qu'une bonne alimentation garantit une bonne santé ainsi qu'une robe en excellente condition.

Bébé york sans maman

Cela peut malheureusement arriver pour de multiples raisons. Dans ce cas, c'est vous qui devenez la maman. Le nourrir ne sera pas chose aisée, aussi quelques conseils pourront être utiles. Bébé york a besoin d'un repas toutes les deux heures. Il vous faut préparer du lait maternisé, en suivant à la lettre la prescription indiquée sur l'emballage. Le cas échéant, vous pouvez préparer plusieurs rations que vous conserverez dans une bouteille Thermos. C'est surtout pratique la nuit.

Autre problème, il faut veiller à ce que le lait contenu dans le biberon ne coule ni trop vite, ni trop lentement : dans le premier cas, le chiot peut s'étouffer, dans le second, il peut s'épuiser à téter pour ne presque rien avaler. Le biberon doit être donné dans les mêmes conditions que si le chiot tétait sa mère. Le biberon sera maintenu légèrement plus haut que la tête du chiot et tenu parallèlement à son corps. Vous maintiendrez le chiot au chaud et au propre et, à chaque tétée, vous masserez avec une compresse humide et tiède le bas de son ventre pour qu'il urine, et la base de sa queue en remontant de l'anus à l'extrémité de la queue pour qu'il défèque.

À 3 semaines, bébé york se portera comme un charme, vous un peu moins !

L'ENTRETIEN DU YORKSHIRE TERRIER

Chien de compagnie par excellence, le york doit être agréable à regarder. S'il est correctement entretenu, il donnera envie d'être caressé, sinon il sera repoussant et très malheureux. S'il existe un chien autonettoyant, ce n'est certainement pas le york !

L'hygiène de votre york

> Les yeux

Ils sont pétillants de malice ! Pour qu'ils le restent, vous les nettoierez chaque jour avec du sérum physiologique. Vous couperez les cils qui risquent de pénétrer dans l'œil et de le faire pleurer. Pour éviter que les poils de la tête ne lui tombent dans les yeux, vous pouvez soit lui faire une petite queue de cheval, soit lui couper la frange. Si ses yeux sont rouges et larmoyants, consultez votre vétérinaire.

> Les oreilles

Pour éviter les maladies, notamment la gale, nettoyez l'oreille et le conduit auditif une fois par semaine. Pour ce faire, vous utiliserez un produit nettoyant, vous masserez la base de l'oreille et enlèverez les impuretés avec une gaze. N'utilisez jamais de Coton-Tige, qui enfonce le bouchon plutôt qu'il ne l'enlève. Si les impuretés sont épaisses, marron et odorantes, il convient d'entreprendre quotidiennement un traitement spécifique, jusqu'à la guérison.

Enfin, vous épilerez régulièrement les poils qui auront poussé à l'intérieur de l'oreille et vous couperez le poil intérieur et extérieur sur un tiers de l'oreille en « V ».

> Les dents

Pour que votre york ne perde pas prématurément ses dents, vous devez y apporter un soin particulier. Deux fois par semaine, vous brosserez ses dents. Vous lui donnerez de gros os à ronger et le vétérinaire pratiquera, une fois par an, un détartrage. Ne pas entretenir la dentition de votre york entraînerait sa chute prématurée et une très mauvaise haleine.

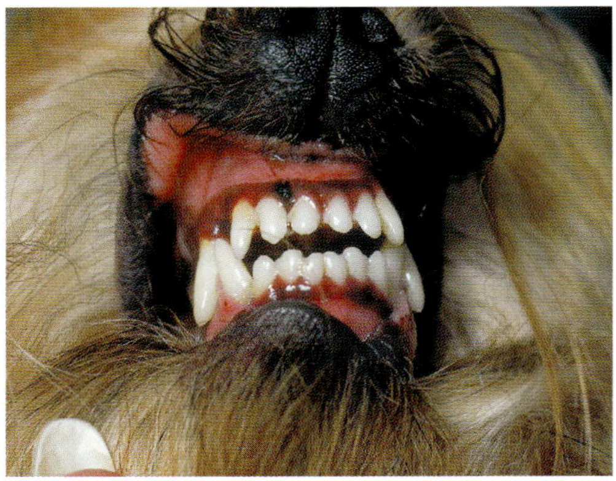

> Les ongles

Si votre york sort peu, ses ongles risquent de ne pas s'aiguiser tout seuls. Vous devrez les lui couper pour éviter qu'ils ne se cassent ou ne lui entrent dans la chair. Attention ! Ne coupez que la partie morte.

> Les coussinets

Coupez régulièrement le poil qui a poussé entre les ongles et les coussinets, avant qu'il se transforme en amas de poils sales et en véritable bouillon de culture.

> Le poil

Comme vous le faites pour vous-même, vous brosserez et peignerez votre york chaque jour. Une fois par semaine, vous huilerez son poil avec une huile végétale ou animale. Optez pour une huile de texture fine.

L'ensemble du poil sera régulièrement épointé. Le poil de l'extrémité des pattes sera coupé en rond autour du pied.

Les barbes et moustaches seront nettoyées chaque jour avec une lotion.

> La douche

Aussi souvent que cela est nécessaire, vous laverez votre york en évitant l'eau dans les oreilles et le shampooing dans les yeux.

Dans la baignoire ou le lavabo – ne le perdez pas de vue car il sait sauter et ne s'en privera pas –, vous mouillerez abondamment le poil et vous appliquerez un shampooing neutre et doux. Évitez les shampooings pour bébé et préférez les shampooings spéciaux pour chiens à fourrure. Vous masserez doucement afin de faire pénétrer le shampooing sur tout le poil, de la tête à la queue en passant par les pattes et le ventre.

Puis, vous rincerez minutieusement votre york. Si le rinçage n'est pas parfait, votre york aura le poil terne et plein de pellicules poudreuses. À l'issue de ce rinçage, vous utiliserez un conditionneur qui redonnera au poil son équilibre et vous procéderez au dernier rinçage. Vous épongerez le poil avec une serviette éponge, sans frictionner.

> Le séchage et le brossage

Si votre york est brossé et peigné chaque jour, le séchage vous prendra dix minutes. Avec votre séchoir à cheveux et une brosse métallique, vous commencerez à sécher par l'extré-

mité des pattes en remontant vers le milieu du dos, toujours de la pointe en remontant vers la racine. S'il se présente quelques nœuds, ôtez-les avec les doigts et faites une sorte de « brushing ». N'utilisez jamais votre séchoir à son maximum d'intensité, que ce soit pour la ventilation ou la chaleur.

Une fois que votre york est sec et démêlé, vous tracez une raie bien droite, du cou à la base de la queue. Puis, vous lui faites une queue entre les deux oreilles : vous partez du coin des yeux pour aller jusqu'au milieu des oreilles, vous remontez le poil sur la tête, vous faites une raie derrière le crâne, toujours entre les deux oreilles, et vous attachez l'ensemble du poil maintenu avec un petit élastique.

Le toilettage du york d'exposition

La préparation d'un york d'exposition débute à l'âge de quelques mois. Il faut être très vigilant car un chiot joue beaucoup, et vous devez veiller à ce que ces jeux ne nuisent pas au développement de son manteau, de sa barbe et de ses moustaches. Il faut lui interdire de se frotter contre les meubles, les tapisseries et autres.

> Les papillotes

• D'abord la tête

C'est à environ 6 mois que vous papilloterez sa tête. Vous lui envelopperez le poil compris entre l'œil et l'oreille dans un rectangle de papier de soie, après l'avoir doucement brossé. Vous replierez la papillote du bas vers le haut pour obtenir un petit rectangle que vous entourerez d'un élastique.

La papillote doit tenir le poil en place. Elle ne doit en aucun cas gêner ni tirer le poil de la peau sinon vous vous exposez à plus de dégâts que s'il n'y avait pas de protection. Le chiot va se frotter, plonger sa tête entre des coussins et

tenter – voire y parvenir – d'arracher la papillote. Ayez-le à l'œil.

Les moustaches et la barbe seront attachées de façon similaire. Très difficiles à entretenir et à préserver, des soins très attentifs leur seront accordés.

• Puis le manteau

C'est vers l'âge de 8 à 10 mois que vous papilloterez le manteau en employant la même méthode. Vous aurez, au préalable, brossé et démêlé, ainsi que graissé les poils de votre york. Les papillotes effectuées doivent être semblables et symétriques. La longueur des papillotes est déterminée par la longueur du poil. Chaque jour, vous surveillerez les papillotes et referez immédiatement celle qui aura bougé. Très régulièrement, vous peignerez et brosserez la totalité de la fourrure, faute de quoi un emmêlement se créera à la base de la papillote, le poil se cassera et le manteau sera abîmé. Veillez à ne jamais contrarier le sens de la pousse du poil.

Vous devrez mettre un manteau à votre york. Veillez à ce que ce manteau lui laisse son aisance, qu'il puisse sauter et courir. Ce manteau protégera son poil d'éventuels frottements ou accrocs.

Conseils de toilettage

– Outre le shampooing, certaines textures de poil requièrent l'utilisation d'un après-shampooing, qui sera toujours parfaitement rincé.

– Ne jamais « agresser » le poil, que ce soit par un produit inadapté, de l'eau ou de l'air trop chaud, ou un brossage intempestif.

– Ne pas persister à poser des papillotes à un york qui n'en veut pas, il les arrachera et le résultat sera alors catastrophique.

– Chaussons ou pas chaussons, à vous de choisir ! Si votre york se gratte, mettez des chaussons aux pattes arrière pour lui éviter d'arracher son poil ; mais surtout, cherchez la cause de ce grattage et traitez-la.

> Un moment de plaisir

Avant d'en arriver à ce stade de la préparation du york d'exposition, vous aurez habitué votre york, dès l'âge de 3 mois, à un brossage quotidien et vous aurez testé les huiles et shampooings qui conviennent le mieux à son poil et à sa peau. Ainsi, vous éviterez que le toilettage ne devienne une séance de « torture » et qu'à la seule vue d'une brosse votre york ne s'enfuie ou ne se cache. Le toilettage doit être un plaisir pour tous les deux, c'est le moment des flatteries et des câlins avec son york. Si l'entretien du manteau est primordial, il ne faut surtout pas négliger l'entretien des ongles, des coussinets, des oreilles, des dents et des yeux.

> Le bain

Votre york est fin prêt, nous allons passer au bain. Les papillotes sont enlevées une par une et le poil est brossé de la pointe à la racine. Il est préférable d'ôter en premier les papillotes des poils du dessous (pattes, poitrail), ainsi vous éviterez d'avoir à les chercher sous le poil du dessus déjà détendu.

Le shampooing utilisé sera très doux. Préférez les produits spéciaux pour chiens à fourrure à ceux destinés aux hommes.

Mouillez votre york à l'aide d'une douche à jet faible. Une fois qu'il est trempé de la tête aux pieds, vous appliquez le shampooing, vous massez délicatement et toujours dans le même sens, sinon le poil va s'emmêler ou se casser.

En règle générale, deux shampooings suffisent. Un rinçage parfait s'impose. Plus le poil est long et abondant, plus il retient le shampooing. Un mauvais rinçage donnera un poil terne et plein de pellicules qui empêchera votre york de concourir avec toutes ses chances. C'est donc avec beaucoup de minutie que vous rincerez votre chien (un poil correctement rincé crisse sous les doigts).

> Le séchage

Mouillé, le poil du york est très fragile. Il faut l'éponger doucement en le pressant légèrement entre deux serviettes de bain. Ensuite et pour éviter que le poil ne s'emmêle, mèche à mèche, de la pointe à la racine, vous passez le peigne et vous faites une raie au milieu du dos en répartissant le poil de chaque côté. Vous pouvez commencer le séchage. La chaleur et le débit de l'air seront modérés. Une chaleur trop forte fait s'ouvrir les écailles du poil et le casse. Un débit d'air trop violent fait voler le poil et l'emmêle. Durant toute l'opération, vous utiliserez une brosse très douce (brosse de bébé en soie). Le séchage commence de l'extrémité des pattes en remontant presque au milieu du dos (la raie) et toujours de bas en haut.

Une fois votre york complètement séché, vous séparez le manteau en deux en faisant une raie parfaitement droite qui part de l'arrière de la tête au milieu du crâne et va jusqu'à la racine de la queue. Vous pouvez utiliser une petite aiguille à tricoter ou un peigne à queue.

> La coiffure

Le poil tombe de chaque côté, il est droit et éclatant de brillance et il « plombe ». Si ce n'est pas le cas, relavez votre york. La mèche de la tête est attachée avec un petit élastique, le poil n'est jamais tiré et doit garder une certaine souplesse. La coiffure et le choix du nœud à appliquer sur le petit élastique seront adaptés à la tête du chien car ce qui va à l'un ne va pas nécessairement à l'autre. Vous devrez vous entraîner avant de réussir cette coiffure, aussi n'attendez pas le jour de l'exposition.

> Une présentation soignée

Pour finir, le poil du york doit être long mais cependant pas trop si vous voulez conserver un mouvement parfait. Ce poil sera régulièrement coupé et, à mon avis, en ce qui concerne le manteau, il ne doit pas dépasser de plus de 2 cm la hauteur de votre york. Le poil des pieds doit être coupé court.

Il est indispensable de présenter en exposition un york en bonne condition physique et parfaitement toiletté : c'est une question de respect pour votre york, pour le juge, les autres concurrents et vous-même !

LES PAPIERS DU YORKSHIRE TERRIER

La vente des chiens est soumise à une réglementation précise permettant à la fois de protéger les animaux et de défendre les acheteurs.

L'attestation de vente

À l'achat d'un chien, on doit exiger une attestation de vente qui prouve la validité de la transaction. L'attestation de vente sera signée par les deux parties – acheteur et vendeur – et doit comporter :

– le numéro du certificat ;

– le nom du vendeur ou donateur et ses coordonnées ;

– le nom et les coordonnées de l'acquéreur ;

– la race, le sexe, la date de naissance, le numéro LOF ou, à défaut, le numéro du dossier SCC du chiot ;

– le numéro de tatouage ;

– les noms et numéros LOF des géniteurs ;

– les signes particuliers du chiot s'il y a lieu ;

– le prix ;

– le mode de règlement ;

– l'âge de confirmation ;

– les coordonnées du vétérinaire ;

– les signatures des deux parties.

La carte de tatouage

C'est la carte d'identité de votre york. À l'oreille ou sur la face interne de la cuisse, votre

La garantie légale des vices rédhibitoires

Les maladies et tares génétiques constituant des vices rédhibitoires sont garanties par le vendeur.

La loi n° 89412 du 22.06.89 définit les vices rédhibitoires :

– la maladie de Carré ;

– l'hépatite contagieuse (maladie de Rubarth) ;

– la parvovirose canine ;

– la dysplasie coxo-fémorale (en ce qui concerne cette maladie, pour les animaux vendus avant l'âge de 1 an, les résultats de tous les examens radiographiques pratiqués jusqu'à cet âge sont pris en compte en cas d'affection résultant de vices rédhibitoires) ;

– l'ectopie testiculaire, pour les animaux âgés de plus de 6 mois ;

– l'atrophie rétinienne.

york portera son numéro d'identification. Nous préférons un tatouage à la cuisse. Celui de l'oreille est inesthétique et peut, s'il est mal pratiqué, casser l'oreille du york. Sur la carte de tatouage sont indiqués le nom du chien, le nom et les coordonnées du propriétaire, ainsi que le numéro de tatouage. Le nom du chien et le numéro de tatouage ne changeront jamais, en revanche vos coordonnés peuvent changer. Si le cas se présente, n'oubliez pas de faire enregistrer ces modifications par la SCC. C'est très utile en cas de perte ou de vol. Le numéro de tatouage est obligatoire pour tous les carnivores domestiques se trouvant dans les départements déclarés infectés par la rage.

L'immatriculation par puce électronique (transpondeur) est maintenant possible en France et tend à se généraliser.

Le carnet de santé

Ce carnet, complété par le vétérinaire, précise les dates des vaccinations et les dates des rappels.

Le certificat de naissance

Dès la conception des chiots, le propriétaire de la lice (chienne d'élevage) doit adresser à la SCC un certificat de saillie, complété par le propriétaire de l'étalon et lui-même, dans un délai de quatre semaines.

La SCC ouvre un dossier numéroté et envoie au propriétaire de la lice une attestation de naissance et une déclaration de portée.

L'attestation est retournée à la SCC dans les quinze jours qui suivent la naissance. Elle comporte la date de naissance des chiots, leur sexe et leur nombre.

La déclaration de portée est retournée dans les six mois qui suivent la naissance. Elle précise le nom, le sexe, la couleur, le tatouage de chaque chiot et la date de naissance.

C'est à réception, ou presque, de cette déclaration de portée, et du paiement des frais d'inscription, que la SCC établit, pour chaque chiot, un certificat de naissance qui, outre les coordonnées du chiot telles que son nom, sa date de naissance, son numéro de tatouage, sa couleur, le nom de l'éleveur et le numéro provisoire du LOF, comporte également trois générations d'ascendants.

Le pedigree

Le pedigree est destiné à remplacer le certificat de naissance dès lors que le yorkshire, âgé de 12 mois et plus (sans limite supérieure), a passé avec succès l'examen de confirmation.

Pour cela, plusieurs possibilités s'offrent à vous :

– inscrire votre york à une exposition canine ou à une séance de confirmation organisée sous le patronage de la SCC, par le biais des sociétés canines régionales ;

– présenter votre york lors d'une séance de confirmation organisée par le club ou sa délégation.

Si vous avez plusieurs chiens à faire confirmer, vous pouvez demander à ce qu'un expert confirmateur vienne chez vous.

À l'occasion de la confirmation, un juge ou un expert confirmateur vérifie que le chien correspond au standard de la race et qu'il n'a pas de défaut éliminatoire.

À l'issue de cet examen, le juge ou l'expert remet un certificat de confirmation dûment complété. Il indiquera sur le LOF, dans la partie réservée, l'aptitude ou l'inaptitude de votre york. Vous adresserez ces deux documents à la SCC et celle-ci vous retournera le pedigree, qui n'est autre que le LOF à titre définitif, de votre york.

Il est à noter qu'un york peut être, pour un motif ou un autre (chien mal toiletté ou pas toiletté du tout, chien trop maigre, etc.), ajourné. Il suffira de le représenter ultérieurement lors d'une séance de confirmation. En cas de non-confirmation, si celle-ci vous paraît injuste, vous pouvez faire appel : votre york passera alors devant un jury qui entérinera ou non cette décision.

Pour aller plus loin

Le club de race

La vie d'un club est essentielle pour une bonne promotion de la race.

Historique

Le Club français du terrier du Yorkshire a été fondé le 20 mars 1953 par le Dr Duchatel. C'est une association « loi de 1901 » qui a pour but de promouvoir, protéger, améliorer la race et encourager l'élevage. Le Dr Michel Klein succédera à M. Duchatel, aujourd'hui président d'honneur.

Le club est animé par Mme Liliane Richard, la présidente, aidée dans sa tâche par le comité, la commission d'élevage et les délégations régionales. Affilié à la SCC, il est agréé par le ministère de l'Agriculture.

Activités

Le club détermine les critères de non-confirmation.

Il nomme les experts confirmateurs.

Il forme des juges.

Il organise la Nationale d'élevage qui a lieu chaque année en automne.

Il organise des séances de confirmation sur tout le territoire.

Il diffuse toutes les informations utiles aux adhérents par le biais de son bulletin.

Il guide et aide les éleveurs dans leurs tâches.

Il tient un répertoire des reproducteurs recommandés.

Il veille au respect par tous des statuts du club et tient des permanences téléphoniques.

Il a mis en place des délégations régionales.

Services

> La grille de qualification d'élevage

Comme nous l'avons vu, le standard laisse une grande marge de manœuvre aux clubs et aux éleveurs. Afin de préserver le york et d'éradiquer les tares, le Club a mis en place une grille de qualification d'élevage. Cette grille, très précise, permet à chaque éleveur de pouvoir sélectionner ses reproducteurs en connaissance de cause.

> Le TAN

Toujours dans le même souci, le Club a mis en place le TAN (test d'aptitudes naturelles), épreuve indispensable pour juger du caractère du york. Croyez-en mon expérience, la beauté ne suffit pas. Il y a quelques années, j'avais acheté une superbe yorkshire : une très jolie tête, un corps parfait, des couleurs à faire rêver, elle avait tout du « top model », même la démarche. J'étais ravi. Quelle ne fut pas ma déception, une fois arrivé à la maison, de voir cette petite chienne, prostrée, se couler sous les meubles au moindre bruit et ne pas répondre à son nom. Ce ne fut malheureusement pas un constat trop hâtif, cette attitude perdura. J'avais un chien sans en avoir. Elle était dénuée de « vie ». C'était une jolie tête vide qui n'exprimait rien, aucun sentiment. Soumettre les chiens aux épreuves du TAN ne paraît pas superflu, nous éviterions ainsi de telles mésaventures.

La grille de qualification d'élevage

> Qu'est-ce que c'est ?

Lors des expositions spéciales, le club fait appliquer une grille de jugement. Cette grille ne tient pas compte des descendants ou ascendants et, comme la grille de qualification, elle

Le test d'aptitudes naturelles (TAN)

Définition

Le sujet doit se laisser gentiment manipuler par l'examinateur.

Il doit pouvoir rester sur le dos, sur les genoux de son maître.

Les motifs

Le yorkshire est un chien de compagnie. Il doit donc, à ce titre, être d'un commerce agréable, docile et de bonne volonté, afin d'estomper le caractère trop agressif du terrier.

Un point de la réglementation

Habituellement, un chien ne peut passer qu'une seule fois le test d'aptitudes naturelles. Pour le yorkshire, le Club a décidé de laisser la possibilité aux concurrents de se représenter.

La grille de qualification d'élevage

Niveau I : confirmé

Niveau II : confirmé 1er choix

Deux conditions simultanées :

– sujet dont un géniteur est sujet recommandé ;

– il doit en outre avoir satisfait au TAN.

Niveau III : espoir

Sujet de 9 à 18 mois ayant satisfait en Nationale ou Régionale d'élevage à l'examen d'un jury spécial de trois personnes, désigné à chaque manifestation par la commission d'élevage et le comité. L'examen est effectué suivant les critères de la grille de qualification du club. Il doit, en outre, avoir satisfait au TAN.

Niveau IV : sujet recommandé

Sujet de 15 mois ou plus ayant satisfait, en Régionale ou Nationale d'élevage, à l'examen d'un jury spécial de trois personnes, désigné à chaque manifestation par la commission d'élevage et le comité, examen effectué suivant les critères de la grille de qualification du Club. Il doit, de plus, avoir satisfait au TAN. Les chiens inscrits au LOF qui, à la date de la mise en vigueur de la présente grille, sont champions de France (CS) ou champions internationaux de beauté, sont sujets recommandés. En outre, pour entériner cette qualification, le club demande différents examens démontrant l'intégrité anatomophysiologique du sujet (à fournir dans le mois qui suit).

Niveau V : élite B

Sujet reproducteur non coté dont trois descendants au moins ont obtenu le niveau III ou le niveau IV.

Niveau VI : élite A

Sujet recommandé dont trois descendants au moins ont obtenu le niveau III ou le niveau IV.

s'applique au sujet jugé. Le standard y est commenté (par exemple : les mâchoires, il est précisé six incisives, les fontanelles fermées, etc.). Cette grille n'est pas une grille de confirmation, son objectif est de former les cynophiles afin que nous n'ayons jamais de champions disgracieux porteurs de tares.

> De nombreuses discussions

Cette grille a fait l'objet de nombreuses discussions, comme vous pouvez l'imaginer, entre les éleveurs et le Club. Le travail en commun, les différends clairement exprimés, le débat perpétuel au sein du Club, ne servent que deux objectifs : améliorer et promouvoir le yorkshire. Le dynamisme d'un club est sans doute la garantie de voir la qualité de la production se maintenir et le fleuron de l'élevage français être exposé partout dans le monde.

Les expositions et le Yorkshire Terrier

Les expositions canines ont une double fonction : d'une part, faire connaître au public les différentes variétés de chiens ; d'autre part, sélectionner les meilleurs spécimens de chaque race.

L'organisation de la cynophilie française

La Société centrale canine est une fédération à laquelle les membres individuels, comme vous et moi, ne peuvent s'affilier que par l'intermédiaire d'associations « loi de 1901 » (sans but lucratif).

Il existe deux sortes d'associations : les clubs de race et les sociétés régionales.

Les sociétés régionales, au nombre de 22, soit autant que de régions administratives, sont des fédérations de sociétés. Elles organisent les expositions « toutes races », qu'elles soient nationales ou internationales. Chacun de nous peut adhérer indépendamment aux clubs de race et aux sociétés régionales.

Devenir exposant

Le public n'admire pas toujours les chiens dans les meilleures conditions et ne comprend pas le déroulement des jugements, c'est pourquoi assister à ce genre de manifestations peut être décevant. En revanche, y participer comme concurrent est bien plus motivant.

À la vocation cynotechnique s'ajoute l'intérêt de la compétition. À ces expositions, on ne

Les classes d'engagement

Classe ouverte

Pour tous les chiens, à partir de 15 mois, dans les expositions internationales où le Certificat d'aptitude au championnat international de beauté (CACIB) est attribué. À partir de 12 mois dans les expositions nationales où le Certificat d'aptitude au championnat de conformité au standard (CACS) est attribué.

Classe débutants

Pour les chiens âgés de 9 mois jusqu'à l'âge minimal requis pour la classe jeunes.

Classe jeunes

Pour tous les chiens de 12 à 18 mois, sauf en exposition nationale d'élevage yorkshire où l'âge requis est de 12 à 24 mois.

Classe champions de beauté

Réservée exclusivement aux chiens déclarés champions de beauté nationaux des pays membres de la FCI et champions internationaux de la FCI âgés de 15 mois au jour de l'ouverture de l'exposition.

Lot d'élevage

Pour cinq chiens de même race, inscrits au LOF, sans distinction de sexe, engagés dans une classe individuelle, nés chez le même éleveur mais pouvant appartenir à des propriétaires différents.

Déroulement d'une exposition

> Choisir l'exposition

Au début, vous sélectionnerez vos expositions sur deux critères : celle qui n'est pas trop loin de la maison ; celle qui joindra l'utile à l'agréable, ou exposition « touristique ». Pourtant, au départ, vous devriez plutôt inscrire votre chien dans des expositions à CACS organisées dans la province « profonde ».

Vous aurez ainsi plus de facilités à obtenir des résultats, cela vous motivera tout en vous permettant d'acquérir de l'expérience.

Les qualificatifs

Excellent

Qualificatif attribué à un chien se rapprochant de très près du standard idéal de la race – présenté en parfaite condition –, réalisant un ensemble harmonieux et équilibré, ayant « de la classe » et une brillante allure. La supériorité de ses qualités devra dominer ses petites imperfections, tout en conservant les caractéristiques de son sexe.

Très bon

Qualificatif attribué à un chien parfaitement typé, équilibré dans ses proportions, en bonne condition physique. Il lui sera toléré quelques défauts véniels, mais non morphologiques. Ce qualificatif ne peut récompenser qu'un chien de qualité.

Bon

Qualificatif attribué à un chien possédant les caractéristiques de la race mais accusant des défauts, à condition que ceux-ci ne soient pas rédhibitoires.

Assez bon

Qualificatif attribué à un chien suffisamment typé, sans qualités notoires ou pas en condition physique.

> Le calendrier des expositions

Toutes les dates d'expositions sont réunies sur un calendrier que vous pouvez vous procurer auprès de la SCC pour la France et de la FCI (Fédération cynologique internationale) pour l'étranger. Les revues spécialisées *(Atout chien…)* publient aussi, chaque mois, les dates des expositions à venir.

> La préparation

• Les démarches

En général, il vous faudra envoyer votre inscription, accompagnée du paiement, au plus tard six semaines avant la date de l'exposition. Il convient de remplir correctement la feuille d'engagement : faites attention à la classe dans laquelle vous engagez votre chien. Quelques jours avant l'exposition, la société canine vous adressera une carte d'exposant que vous conserverez jusqu'au grand jour.

• Le « nécessaire »

Avant de partir, vous préparerez la trousse de toilettage de votre york, ses papiers (carnet de vaccination, certificat antirabique, carte d'exposant), la table et la chaise pliante, le podium, le coussin et le petit bol pour l'eau, et un appareil photo avec une pellicule car vous n'en trouverez pas sur place.

> Le jour « J »

Le jour de l'exposition, vous arriverez à l'heure indiquée sur la feuille d'engagement, muni de votre carte d'exposant et du certificat antirabique. Un vétérinaire examinera votre york et s'assurera que la vaccination antirabique est valable. On vous remettra le catalogue de l'exposition, à la fin duquel figure la liste alphabétique des exposants. Face à votre nom, le numéro de votre chien sera indiqué. Vous trouverez ce même numéro sur une cage. Les cages des petits chiens se repèrent facilement. Elles sont petites et installées sur des tables, alors que les autres sont grandes et à terre. Un carton comportant deux fois le même numéro sera disposé sur la cage, vous le découperez suivant les pointillés. Un numéro restera sur la cage pour permettre aux visiteurs d'identifier la race et le chien, tandis que vous accrocherez l'autre sur votre veste lors de la présentation de votre york.

• En attendant l'heure

Une fois que vous aurez trouvé votre cage, repérez les lieux : cherchez le ring où se déroulera le jugement des yorks et l'endroit où votre york pourra assouvir ses besoins avant et après le jugement (vous aurez pris soin de sortir votre york avant votre entrée dans l'exposition).

• L'ordre des jugements

C'est entre 9 et 10 heures que les jugements commencent, rares sont les expositions où les

Ch. All Very Nice du Houlme.

yorks sont jugés en premier mais il faut être vigilant, l'ordre de passage peut être modifié. C'est donc dès le matin que votre york sera soigneusement toiletté. Vous entrerez sur le ring à l'appel de la classe dans laquelle est engagé votre york. Généralement, l'ordre de jugement des classes est le suivant :

– classe jeune mâle ;
– classe ouverte mâle ;
– classe champion mâle ;
– classe jeune femelle ;
– classe ouverte femelle ;
– classe champion femelle.

Les baby et débutants sont jugés soit avant, soit après ces classes.

• C'est l'heure !

C'est par ordre de numéros que vous vous rendrez à la table du juge avec votre york. Le juge l'examinera sur toutes les coutures, regardant les yeux, les aplombs, le poil, les dents, etc. Le secrétaire prendra note de cet examen. Le juge décernera un qualificatif une fois que tous les chiens de votre classe auront été examinés. Il les aura comparés entre eux en les faisant marcher et en position statique. Le juge classera de 1 à 4 les yorks, et sachez que les jugements sont sans appel, aussi restez correct, voire stoïque ; si les résultats ne vous conviennent pas, ne cherchez pas à discuter avec le juge. Si le règlement ou le standard n'ont pas été respectés, vous pouvez toujours exprimer votre réclamation par écrit à la société canine organisatrice, à la Société centrale canine et au club de la race, qui ne manqueront pas de donner suite.

• Le jugement

Chaque juge a sa méthode personnelle, dictant à voix basse au secrétaire de ring. En France, il n'est pas d'usage de commenter publiquement les appréciations des jugements, mais ne soyez pas surpris si cette méthode est employée lorsqu'un juge étranger officie.

Suivant la méthode adoptée, le juge peut rassembler les chiens par lot de même valeur, mettre à l'écart les meilleurs ou les moins

Le titre de Champion national de conformité au standard

Pour obtenir ce titre, le chien doit cumuler :

1) soit le CACS de l'exposition de championnat, soit le CACS de la Nationale d'élevage. Cette exposition devra réunir un minimum de 50 yorkshires.

Dans le cas où le même chien obtiendrait ces deux CACS en deux ans, ces récompenses lui resteraient acquises, mais la RCACS (réserve CACS) de la Nationale d'élevage serait transformée en CACS, sous réserve que le chien l'ayant obtenue remplisse les conditions exigées ci-dessus ;

2) un CACS dans une exposition internationale où est obligatoirement attribué le CACIB ;

3) un CACS soit dans une exposition nationale toutes races, soit dans une exposition à CACIB toutes races, ou encore dans l'une des Spéciales de race organisées par le club de race (si cette dernière option est retenue, il appartient au club d'en informer ses adhérents).

Ces deux derniers CACS devront être obtenus dans un délai maximal de deux ans après l'exposition de championnat ou la Nationale d'élevage.

Les trois CACS devront être obtenus avec trois juges différents.

Quelle que soit la formule retenue, le délai pour présenter la demande d'homologation de Championnat de France est limité à six mois après l'obtention de la dernière récompense. Passé ce délai, le chien est déclaré forclos, et le titulaire de la réserve de CACS ayant valeur de Championnat pourra postuler pour l'homologation du titre de Champion.

bons, ou bien les laisser tous ensemble : il fera tourner les yorks individuellement, puis en groupe et procédera par élimination.

• Les gagnants

Il désignera le gagnant en apportant au maître un carton 1er prix. Dans les classes adultes, le concours ne sera pas terminé pour autant. En effet, ensuite, le juge comparera le 1er prix mâle avec le 1er prix femelle, et désignera le Meilleur de la race. Nous ne mentionnons que les classes adultes, car il est extrêmement rare de voir un ou une jeune battre un adulte. Le Meilleur de race concourra ensuite pour le Meilleur de groupe, groupe des terriers en l'occurrence.

Enfin, le Meilleur de groupe concourra pour le titre de Meilleur de l'exposition ou *Best in show.*

> La chance et le hasard

On peut évidemment trouver curieux de faire concourir un york avec un jagd, un airdale, un cairn et plus encore avec un berger allemand, un bouledogue français ou un épagneul breton. Le but est d'alimenter la compétition et, plus que les mérites intrinsèques du chien, ce sont les qualités du présentateur et la sensibilité des juges qui entrent en ligne de compte.

Le mérite du chien, plus le savoir-faire de l'exposant, le contexte, la personnalité du juge : voilà beaucoup de paramètres en jeu – d'où l'existence d'une part de hasard et de chance.

Les récompenses

> Le CACS (Certificat d'aptitude au championnat de conformité au standard)

Le CACS ne peut être accordé qu'à un chien classé 1er Excellent en classe ouverte ou en classe travail, à condition qu'il soit de mérite exceptionnel (cette récompense n'accompagnant pas automatiquement la première place). Les juges font les propositions de CACS d'après les mérites absolus des chiens, sans avoir à vérifier si ceux-ci remplissent les conditions d'âge et d'inscription à un Livre des origines reconnu.

Il appartient à la SCC de s'assurer, pour l'homologation du CACS, que les chiens satisfont aux conditions imposées.

Si le chien classé 2e Excellent est de qualité équivalente à celui ayant obtenu le CACS, il peut lui être accordé la RCACS (réserve CACS).

La RCACS peut être convertie en CACS si le chien proposé pour le CACS : soit ne peut prétendre à l'homologation de cette récompense en raison de son âge ou de ses origines ; soit a déjà le titre de Champion national de beauté.

> Le CACIB (Certificat d'aptitude au championnat international de beauté)

Les propositions CACIB ne sont autorisées que dans les classes ouverte, travail et champion. Seuls peuvent être engagés les chiens ayant atteint l'âge minimal de 15 mois à l'ouverture de l'exposition.

L'engagement simultané dans ces trois classes est interdit.

Les juges font les propositions de CACIB d'après le mérite absolu des chiens, sans avoir à vérifier si ceux-ci remplissent les conditions d'âge et d'inscription à un Livre des origines reconnu.

Il appartient à la FCI de s'assurer que les chiens proposés satisfont aux conditions imposées pour l'homologation du CACIB.

Les chiens inscrits à un Livre des origines d'un pays membre de la FCI ou d'un pays non affilié dont le Livre des origines est reconnu par la FCI peuvent, seuls, être acceptés à l'exposition.

Le CACIB ne peut être accordé qu'à un chien classé 1er Excellent, à condition d'être de mérite exceptionnel.

Les chiens proposés pour la RCACIB (réserve CACIB) peuvent obtenir la conversion en CACIB si le chien proposé pour le CACIB : soit ne peut prétendre à l'homologation de cette récompense en raison de son âge, de ses origines, etc. ; soit a déjà le titre de Champion international.

Les récompenses décernées ne seront valables qu'après leur homologation par la SCC en ce qui concerne le CACS, et par la FCI pour l'attribution du CACIB.

Les différentes expositions

Nous avons la chance de vivre dans un pays où la cynophilie s'est correctement développée, et nous pouvons parcourir l'Hexagone toute l'année tant les sociétés canines régionales nous offrent d'expositions, que celles-ci soient nationales, internationales ou en collaboration avec les clubs de race (patronnées ou spéciales).

> Les expositions nationales

Les expositions nationales sont organisées par région. C'est au cours de celles-ci que sont délivrés les CACS.

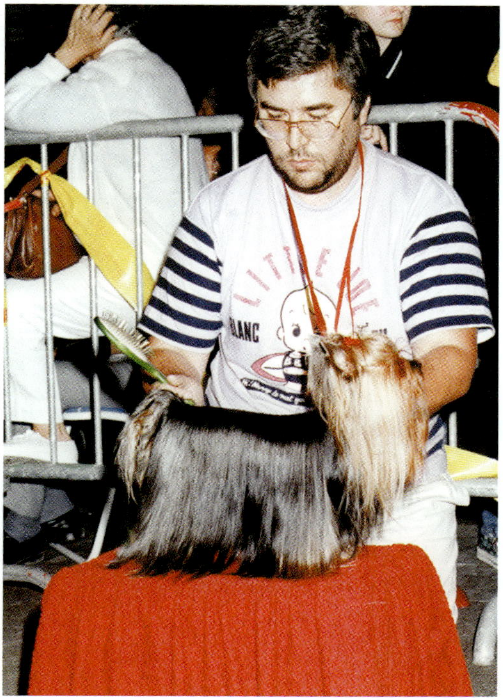

> La Nationale d'élevage

Organisée par le club de race, cette exposition, à l'inverse des autres, n'est pas multirace. Elle attribue le CACS, qui, comme celui du Championnat de France, est indispensable pour obtenir le titre de Champion de France de conformité au standard.

S'il est une exposition qui permet d'avoir une vision réelle de la qualité du cheptel d'une race, c'est bien celle-ci.

> Les expositions internationales

Les expositions internationales sont elles aussi organisées par région et, en plus du CACS, est attribué le CACIB. Elles rassemblent de 1 500 à 3 000 chiens environ, sur deux jours.

> Autres

Il existe aussi des présentations qui sont de petites expositions au cours desquelles seul un qualificatif est attribué.

L'ÉLEVAGE DU YORKSHIRE TERRIER

La principale activité « cynophile » est indiscutablement l'élevage : ceux qui participent aux expositions sont, dans leur grande majorité, des éleveurs.

Pourquoi élever ?

> Les mauvaises raisons

Très souvent, l'élevage canin est considéré comme une façon de gagner sa vie tout « en restant à la maison » ou encore comme une activité complémentaire. Or cette activité doit être une passion qui, certes, n'est pas obligatoirement déficitaire, mais qui ne doit pas être envisagée comme un métier accessible à tout un chacun du jour au lendemain.

Beaucoup de propriétaires de femelle élèvent occasionnellement une portée, parce qu'ils pensent que l'expérience de la maternité est indispensable à l'épanouissement d'une chienne. Sexualité et maternité paraissent naturelles, et si vous laissez votre chienne york vaquer en liberté, nul doute qu'elle donnera naissance à une portée.

Sachez tout de même que ne pas offrir les joies de la maternité à votre chienne n'est absolument pas « antinaturel » et que, si elle fait des grossesses nerveuses à répétition, une portée ne supprimera ce phénomène que pour une courte durée.

Un manque d'équilibre caractériel ne sera pas non plus résolu par la maternité. Le caractère naturel de la chienne reviendra une fois la portée élevée.

> Les « vendeurs »

Le yorkshire étant un chien à la mode, énormément de personnes propriétaires d'une ou plusieurs femelles avec ou sans LOF produisent régulièrement des portées. L'élevage est une activité lucrative complémentaire pour eux. Très souvent, ils nuisent aux éleveurs et à la race.

En effet, leurs productions étant de qualité moyenne et le plus souvent mauvaise, ce qu'ignore l'acheteur, ils vendent à bas prix et les petites annonces qu'ils passent dans les journaux gratuits sont alléchantes.

Il faut savoir que ces individus pensent qu'un york avec un autre york ne peut donner qu'un york et que les expositions ne servent à rien. Ils ignorent que le patrimoine génétique du chiot est transmis à 50 % par le père et à 50 % par la mère.

Le patrimoine est héréditaire. Ils n'éradiqueront donc pas les tares mais les accoupleront. Les fruits de ces mariages font peine à voir : dos rond, trop gros, boiteux, tête disproportionnée, manteau mité trop court, couleur et texture inconnues au standard, caractère déséquilibré. Il est à souhaiter que tous ces défauts ne tombent pas sur le même chiot !

> Les éleveurs

Enfin, il y a les personnes réellement passionnées, celles que j'appelle les éleveurs. Ils sélectionnent leurs géniteurs, ne font se reproduire que des chiens avec LOF, garantissent les chiots qu'ils vendent et sont toujours disponibles pour vous, même après la vente.

Quelques conseils

L'élevage canin est donc, avant tout, une passion, que l'on peut toutefois essayer de rentabiliser plus ou moins.

> Les objectifs

Si vous envisagez de devenir éleveur, il serait raisonnable de déterminer vos objectifs.

• Le loisir

Si vous voulez surtout vous amuser, alors des installations modestes suffiront et vous pourrez espérer ne pas vous ruiner, à défaut de trouver là une source de revenus.

• L'activité régulière

Sachez cependant que si vous souhaitez pratiquer régulièrement l'élevage, il serait plus sage de considérer d'emblée celui-ci comme une activité imposable. Vous ne pourrez œuvrer très longtemps en cachette et serez constamment à la merci d'une dénonciation par un autre éleveur ou d'une enquête par un inspecteur des impôts. Les uns et les autres savent consulter les petites annonces ! Dans cette perspective, tenez une comptabilité simple (vos recettes et vos dépenses) et conservez toutes vos factures et tous vos justificatifs de dépenses. Sachez enfin que, dans certains départements, les services fiscaux ont prévu un bénéfice forfaitaire par chienne qui servira automatiquement de base d'imposition.

• Le réalisme financier

À force de sacrifices, les candidats éleveurs arrivent progressivement à trouver les moyens de leur passion, mais s'ils ont réellement acquis, au sein du monde cynophile, une certaine connaissance du chien théorique et pratique, il leur manque encore, très souvent, quelque chose d'essentiel : le réalisme financier. La clé du succès, en plus d'une véritable motivation, est assurément une compétence en matière de comptabilité. Si ce domaine vous dépasse (vous ou votre entourage immédiat), abandonnez immédiatement l'idée de devenir éleveur professionnel : vous courez tout droit à la catastrophe.

Avez-vous le profil d'un éleveur de chiens ?

Il ne suffit pas d'aimer les animaux pour pratiquer l'élevage canin. Beaucoup de jeunes (et de moins jeunes) rêvent, en fait, d'exercer une activité « proche de la nature ».

> La routine

L'éleveur de chiens est, en premier lieu, quelqu'un capable de supporter sans broncher une certaine routine. Son activité est parfaitement réglée, quotidiennement et tout au long de l'année. Bien sûr, chaque accouplement permet d'espérer quelque chose de nouveau, les naissances représentant toujours un événement merveilleux. Mais nourrir les chiens et nettoyer les chenils sont des activités nettement moins prestigieuses, qu'il faut pourtant accomplir très consciencieusement. Du nouveau et du mouvement, il y en a pourtant : ce

Les normes d'élevage

Dimensions du nid de mise bas

Longueur : longueur de la chienne sans la queue x 1,5.

Largeur : taille au garrot de la chienne x 1,5.

Dimensions d'un enclos

Longueur de l'enclos : largeur x 2.

Largeur de l'enclos (en mètres) : racine carrée de la taille au garrot x 0,6.

Température de la maternité

En ambiance : 20-25 °C.

Les dix premiers jours (au niveau du nid) : 30 °C.

Les vingt jours suivants (au niveau du nid) : 25 °C.

À partir de l'âge de 1 mois (au niveau du nid) : 20 °C.

Calendrier des vermifugations de la chienne

– 10 jours avant la saillie.

– 10 jours avant la date présumée de mise bas.

– 10 jours après la naissance.

– tous les 15 jours jusqu'au sevrage.

On peut en outre revacciner la chienne une à deux semaine avant la saillie : elle transmettra ainsi à ses chiots, via le colostrum, davantage d'anticorps.

Les normes physiologiques de la chienne

Durée des chaleurs

Environ 3 semaines (pro-œstrus et œstrus).

Cycle

Pro-œstrus : environ 10 jours (avant les chaleurs).
Œstrus : 7 à 10 jours (période d'ovulation).
Postœstrus : 6 à 8 jours (après l'ovulation).
Anœstrus : jusqu'au cycle suivant (en principe, il y a deux cycles par an).

La saillie

Première saillie : attendre de préférence les deuxièmes chaleurs.
Moment optimal pour la saillie : en principe du 10e au 13e jour ; le mieux est souvent de présenter la chienne au mâle le 10e jour, puis de nouveau le 12e jour.
Il est à noter que l'ovulation est parfois beaucoup plus tardive : différentes techniques existent pour cerner le bon moment, tels les frottis vaginaux et le dosage de la progestérone.

Durée de la gestation

Dans la majorité des cas : 61 à 63 jours.
Variations : 56 à 70 jours.

Prolificité moyenne chez le yorkshire

3 à 4 chiots par portée.

sont les expositions canines qui se déroulent chaque week-end. Peut-être que le succès des concours canins réside d'ailleurs dans le fait qu'ils fournissent à l'éleveur l'occasion de « sortir » et qu'ils offrent donc une compensation à la vie assez routinière et isolée de la semaine !

> Une activité très prenante

Dans l'ensemble, l'élevage est une activité très prenante, pour laquelle les heures ne se comptent pas. C'est un aspect à ne pas négliger pour la vie de famille et/ou professionnelle. Si vous êtes un rêveur, cette vie ne vous conviendra pas. De même, si vous avez le goût d'entreprendre, d'aller de l'avant, vous vous sentirez vite prisonnier dans ce cadre sans surprises majeures. Pour en avoir le cœur net, faites un stage d'employé de chenil ou proposez d'aider bénévolement un éleveur.

L'éleveur de chiens doit être quelqu'un de persévérant. Aucune déception dans les concours (où il y a, par définition, bien plus d'appelés que d'élus), aucun ennui sanitaire, ni souci financier ou problème personnel ne peuvent venir à bout de son acharnement à porter haut et loin son affixe (ou nom d'élevage).

Où élever ?

Même si le york est à la mode, il faut prendre soin d'installer son élevage dans un endroit facile d'accès en voiture, soit en ville soit en périphérie. C'est là que se trouve la clientèle potentielle, et c'est d'ailleurs en ville que nous rencontrons le plus de chiens de race et, notamment, de chiens de compagnie. Même si le york est classé dans le groupe des terriers (de par ses ancêtres), il a été créé et sélectionné pour une clientèle aisée, qui souhaitait un joli chien de petite taille pour lui tenir compagnie. En dehors de la région parisienne, vous pourrez aussi vous installer sur la Côte d'Azur, près de Bordeaux, Toulouse, Lyon, Strasbourg, en Seine-Maritime, en Eure-et-Loir et dans le Loiret sans risquer de garder vos chiots des mois, voire des années. En bref, installez-vous près d'une agglomération de plus de 100 000 habitants.

Le york est un chien très vif avec un caractère exceptionnel. Pour lui conserver l'ensemble de ses qualités, il convient de l'élever en famille, à la maison. Il est préférable de disposer d'un jardin pour qu'il puisse s'ébattre à sa guise, sinon il est indispensable de lui assurer de longues promenades journalières.

Aspects pratiques

> Un emplacement déterminé

L'élevage des chiots ne peut se concevoir dans une remise ou un garage, pas plus que dans une salle à manger. Il faut du calme, de la chaleur et la lumière naturelle du soleil. La température du panier où sont installés les chiots doit être de 30 °C pendant les dix premiers jours, et passera progressivement à 20 °C à l'âge de 1 mois. Vous pouvez aussi utiliser une lampe à infrarouge, que vous placerez à 1 m au-dessus du nid. La maternité doit laisser pénétrer le soleil car, sans rayons ultraviolets, le calcium ne se fixe pas correctement.

> Le parc

Un parc vous sera indispensable, il sera semblable à ceux qu'utilisaient nos grands-mères il y a trente ans. Pour une portée de yorks, un parc de 8 m^2, soit 2 m sur 4, semble suffisant – cela s'adresse à un élevage familial comprenant moins de dix chiens. N'oubliez pas que le york est petit et malin. Les barreaux du parc seront donc serrés, sinon vous retrouverez bébé à l'extérieur toutes les deux secondes.

> La sociabilisation des chiots

Les critères pratiques ne sont pas les seuls à prendre en considération. Comme nous l'avons déjà souligné au chapitre du développement psychique, un chiot doit être préparé à vivre dans un environnement beaucoup moins calme que son élevage de naissance. La sociabilisation des chiots est donc un aspect très important de l'élevage. C'est d'ailleurs en cela

qu'un bon élevage se distingue d'un élevage purement agricole, à haute rentabilité.

La voie la plus raisonnable pour conférer aux chiots yorks une bonne adaptation à venir dans leur famille d'accueil consiste à préserver une dimension familiale à l'élevage. Il est ainsi plus facile de les habituer à la voiture, à la maison et aux manipulations par différentes personnes, dont les enfants. Rappelons qu'un chiot ayant 3 mois révolus et n'ayant connu d'autre humain que son soigneur sera incapable de vivre parmi les hommes. Ce sera un chien malheureux et perpétuellement sur le qui-vive.

> Les reproducteurs

Lorsque l'on démarre un élevage, le phénotype (forme, comportement, aspect physique, etc.) et le génotype (l'hérédité) des géniteurs choisis doivent être soigneusement étudiés et analysés au travers des pedigrees. L'éleveur doit veiller à ce que les reproducteurs soient exempts de défauts morphologiques ou de problèmes caractériels. Si une attention particulière est portée aux étalons, c'est parce que leur fécondité peut être très importante et qu'à 50 % ils peuvent améliorer ou démolir une race.

La femelle, en bonne condition physique ainsi que psychologique, doit être très saine et correspondre au standard. Son bassin est large et permet une mise bas par les voies naturelles, son poids varie entre 1,800 et 3 kg.

La reproduction

> Les normes physiologiques de la chienne

Une chienne est sexuellement mûre entre 8 et 10 mois. Lors des chaleurs, la vulve gonfle, ensuite apparaissent des pertes de sang et, durant cette période, la femelle refuse le mâle. Puis, ces pertes vont s'éclaircir et devenir plus fluides. C'est à peu près entre le 10e et le 13e jour qui suit la première perte de sang que la chienne devient fécondable et qu'elle accepte, voire recherche, le mâle.

Vous attendrez ses deuxièmes chaleurs pour la faire reproduire, afin qu'elle soit mature physiquement et psychologiquement pour la mise bas et l'élevage de ses bébés.

La femelle ne sera pas fécondée lors de chaque cycle mais seulement au maximum une fois sur deux, car elle doit toujours être en excellente condition physique. L'intervalle entre chaque cycle dure entre six et huit mois, il est variable d'une chienne à une autre.

La gestation dure entre 58 et 65 jours. Ce n'est qu'après la lactation que la femelle connaît la « paix hormonale » ou anœstrus.

> La saillie

Aux alentours du 11e jour depuis le début des pertes sanguines (pertes hématiques), la femelle est prête à être fécondée. Elle recherche le mâle, s'en approche, s'en éloigne, puis lui présente sa vulve, la queue placée sur le côté. Le mâle la sent, se dresse sur ses pattes arrière, les pattes avant entourant presque le corps de la chienne, et son pénis la pénètre.

Deux facteurs empêchent la séparation : lorsque le sexe du mâle est en érection, le volume du gland augmente considérablement et, chez la femelle, les muscles du vagin se contractent. La durée de l'accouplement est variable : de dix à trente minutes, voire plus. Pour ne prendre aucun risque, vous pouvez, durant l'accouplement, maintenir et aider les deux partenaires.

Le système de fécondation est sensiblement le même que chez l'homme sauf que, chez le chien, les naissances sont multiples.

> La fécondation artificielle

Vous pouvez avoir recours à la fécondation artificielle. En règle générale, ce sera pour :

– utiliser le sperme d'un étalon mort (qui était bon reproducteur) ;

– éviter les maladies transmissibles au moment de la saillie.

> La gestation

La gestation commence le jour de la fécondation. Les 40 premiers jours, rien, physiquement, ne laisse entrevoir une grossesse (sauf à la palpation).

C'est environ 42 jours plus tard que le ventre de votre chienne s'arrondit. Une radiographie, entre le 45e et le 50e jour, confirme ou non la grossesse. Ses mamelles gonflent et deviennent légèrement rosées. Son régime alimentaire doit comporter du calcium, des vitamines et des sels minéraux. Avant la mise bas, prenez soin de dégager avec des ciseaux le pourtour de la vulve et des mamelles. Vous garantirez à la future maman york une vie au calme, sans stress, sans jeux brusques, ni agitation.

> La mise bas

• Le signe avant-coureur

Le signe avant-coureur de la mise bas est la chute de la température corporelle de la chienne.

Prenez sa température matin et soir, à partir du 57e jour, vous observerez des hauts et des bas. Lorsque la température tombe à 37, voire au-dessous, la mise bas intervient, en général, dans les vingt-quatre heures.

• La préparation

Il faut surveiller la chienne en permanence et préparer les ustensiles nécessaires (coton, ciseaux, compresses, désinfectant, tissu propre, bouillotte, couverture chauffante ou lampe infrarouge, petite boîte, montre).

Avant la mise bas, la chienne est nerveuse, mal à l'aise, elle cherche un petit coin, sa respiration est irrégulière, elle gratte et met en lambeaux les tissus de son panier.

• Le déroulement

Aux premières contractions, un ballon (la poche d'eau) apparaît à la vulve. La mise bas est imminente. Placez votre chienne dans une corbeille en matière plastique garnie de tissu propre. La chienne perce la poche des eaux, elle a des contractions et le chiot est expulsé. Dégagez (si la mère ne le fait pas) le chiot de sa poche, en commençant par la tête, et coupez le cordon ombilical avec une paire de ciseaux désinfectée. Massez le chiot et essuyez les traces de liquide sur le museau. Une fois que le chiot respire correctement, placez-le sur un tissu propre, dans une petite boîte, et au chaud.

Après chaque naissance, changez les tissus qui garnissent le panier de la mère. Comptez les placentas. Chaque chiot a le sien, et ils doivent tous être expulsés, si ce n'est avec le chiot, ce sera avec le suivant. Évitez que la mère ne mange les placentas car ils provoquent des vomissements.

• La durée

Une mise bas peut être rapide, mais il n'est pas rare qu'elle dure plusieurs heures. Ne laissez jamais passer plus de trois heures entre deux chiots, et n'hésitez pas à consulter votre vétérinaire.

• Les cas particuliers

Ne jouez pas aux apprentis sorciers en faisant des injections pour faire venir les contractions car, mal dosées, elles peuvent faire éclater l'utérus.

Si un chiot se présente par les pattes arrière, il vous faudra sans doute aider votre chienne. Avec

une compresse, prenez la partie du chiot apparente et tirez-le délicatement en le faisant glisser vers le ventre de la mère. Ne jamais tirez vers l'extérieur. Ensuite, les gestes sont les mêmes que pour une naissance par la tête.

• Les premiers soins

La mise bas terminée, veillez à ce que votre chienne se repose, au calme, dans un panier toujours propre, et donnez-lui une alimentation abondante et équilibrée. Vous ferez attention à prévenir une éventuelle crise d'éclampsie par un apport supplémentaire de calcium. La petite famille doit être installée dans une pièce bien éclairée, très bien chauffée et fermée, sinon maman york étant une très bonne mère, comme Julie, notre chienne, elle amènera ses bébés là où vous vous trouvez – de la cuisine au salon – et alors point de repos ni de calme pour les nouveau-nés.

La sélection

> Phénotype et génotype

La sélection est primordiale pour le maintien et l'amélioration de la race. Pour la reproduction, vous choisirez des sujets, si ce n'est parfaits, au moins exempts de toute tare. Nous portons autant d'attention à ce que nous voyons, c'est-à-dire au phénotype, qu'à ce que nous ne voyons pas nécessairement, soit au génotype, qui peut se découvrir en étudiant le phénotype des parents, enfants, frères et sœurs. Aujourd'hui, nous sommes aidés en cela par la mise en application de la grille de sélection du club du yorkshire et des qualificatifs obtenus par les reproducteurs et futurs reproducteurs.

> La consanguinité

Vous devez savoir que, pour fixer un caractère, la pratique de la consanguinité est indispensable. Mais attention, si elle fixe les qualités, elle fixe aussi les défauts, et, pratiquée de façon étroite, elle engendre des individus peu féconds, voire stériles ; c'est donc avec prudence que vous la pratiquerez.

> La reproductrice

La reproductrice est, bien sûr, confirmée, et en pleine santé. Elle n'est pas obligatoirement championne, mais elle est très typée. Évitez de faire se reproduire des sujets limités dans leur poids ; en effet, une femelle pesant 1,500 kg peut engendrer des sujets porteurs de défauts dus au nanisme. De même, faire reproduire une femelle de plus de 3 kg risque de donner des sujets un peu plus gros et, donc, hors standard. Cette chienne aura été achetée dans un élevage sérieux dont la lignée est homogène.

> L'étalon

L'étalon sélectionné aura fait ses preuves, et vous aurez vu certains de ses descendants en ring. Il sera certainement père de champion, voire Élite. Ne pensez pas qu'un petit mâle donne des petits chiots, mais étudiez sa lignée (son pedigree), et vous saurez si derrière l'un

Définitions

Le phénotype : c'est l'apparence extérieure du chien, c'est-à-dire ce que vous voyez. Mais faut-il se fier à l'apparence ? Assurément non ! Si le chien n'est pas « typeur », il reproduira peu de son apparence, en revanche, s'il l'est, son empreinte marquera ses chiots, quelle que soit sa partenaire. Cette empreinte dépendra de son génotype.

Le génotype : c'est le schéma des gènes transmis à votre chien par ses ascendants. Il est possible de le deviner à travers le pedigree : il faut simplement bien connaître la lignée et ses descendants. Un chien, même très beau, fixera beaucoup plus difficilement son type si sa lignée est très mélangée.

de ses ascendants se dissimule un grand ou un petit chien (phénotype, génotype). De toute façon, votre sélection ne se donne pas pour but de miniaturiser la race.

• Un palmarès flatteur

Il peut avoir un palmarès flatteur, mais sa valeur ne se mesurera pas au nombre des CACS et CACIB obtenus. Ce qui importe, c'est le nombre de ses descendants, issus de mères différentes, qui se sont fait remarquer. Le bon étalon est aussi celui qui conviendra le mieux à votre chienne du point de vue de leurs qualités respectives.

• Les pièges de l'apparence

Ne vous fiez pas essentiellement au phénotype, car si l'on voit à coup sûr la morphologie du chien, la texture et la couleur seront moins évidentes. En effet, il existe des produits qui corrigent les mauvaises textures et les couleurs inadéquates ; cela est bien éphémère et ne se retransmet pas génétiquement.

Les éleveurs de yorkshires à travers les masters de l'élevage Pedigree Pal

1995	De Penghibur
1996	Du Domaine de Monderlay
1997	Du Domaine de Monderlay
1998	Du Domaine de Monderlay
2000	Durrer's
2001	De la Pam'Pommeraie

• Son pedigree

Un pedigree prestigieux, comportant de nombreux ancêtres champions et dans lequel reviennent des noms d'affixes très réputés, n'a de valeur que si vous savez à quels chiens cela correspond, quels étaient leurs qualités et leurs défauts respectifs, et dans quelle mesure ils avaient la capacité de les transmettre à leur descendance.

Aussi, l'étalon disons « correct » le plus proche de chez vous n'est pas non plus la meilleure solution. Procéder ainsi revient à participer à la détérioration de la race qui ne se maintient que grâce à des efforts constants.

• Les élevages d'origine

Veillez à ce qu'il y ait une correspondance entre l'élevage d'où provient votre chienne et celui de l'étalon, du point de vue de leurs qualités reconnues, voire des familles et lignées dont ils sont issus.

• Demandez conseil

Renseignez-vous auprès des éleveurs expérimentés, des juges spécialistes de la race et des membres du Club.

N'imaginez pas que marier deux champions vous apportera systématiquement des champions. Ce dont nous sommes sûrs, en revanche, c'est qu'en sélectionnant correctement vos reproducteurs, les chiens produits seront de bonne qualité.

Notions de génétique

Nous savons ce que sont le phénotype et le génotype. Nous savons aussi que le phénotype découle du génotype, que le patrimoine génétique est transmis aux chiots à 50 % par le père et à 50 % par la mère.

> Exemple : la couleur du poil

Nous allons étudier ici la couleur et la texture mais sans oublier que le nombre de caractères formant un chien est important (morphologie, type, caractère, etc.).

• Les gènes

À chaque caractère correspond deux paires de gènes antagonistes : un gène dominant et un gène récessif. La couleur du poil est affectée de multiples gènes. Ces gènes aboutissent à la formation des caractéristiques de la couleur du poil et de la texture.

• En théorie

Si nous marions deux sujets bleu acier foncé et soyeux, sans gène récessif donc porteurs d'un double et même gène, nous aurons des chiots bleu acier foncé et soyeux.

Si nous marions deux sujets, l'un bleu acier foncé et soyeux sans gène récessif, l'autre bleu acier foncé et soyeux mais porteur pour moitié du gène récessif, nous aurons des chiots bleu acier foncé et soyeux porteurs des deux gènes. Or le gène dominant empêchera le gène récessif de s'exprimer.

Ch. I am Revery Lucky Lad.

Si nous marions deux sujets, bleu acier foncé et soyeux mais porteurs de deux gènes, nous aurons la moitié des chiots bleus acier foncé et soyeux porteurs des deux gènes, le quart porteur du gène dominant, et le dernier quart porteur du gène récessif.

Si nous marions deux sujets porteurs du gène récessif, tous les chiots seront porteurs du gène récessif.

• En réalité

Il s'agit bien sûr de théorie, sachant qu'il faut un échantillonnage important et pas seulement une portée de quatre chiots pour qu'elle soit exacte.

Parfois, le caractère dominant peut être imparfait et ne pas complètement dominer le caractère récessif. C'est ce phénomène qui engendre des yorks moitié soyeux, moitié laineux, des chiens bleu acier foncé et laineux ou encore des chiens noirs et soyeux.

Avec son système glandulaire structuré et héréditaire, le chiot fera la transition de sa couleur à l'adulte, il ira du noir et fauve au bleu acier foncé et fauve.

> Le système glandulaire

Le système glandulaire est directement lié à la combinaison des gènes transmis par le père et la mère, et détermine la santé et la structure du chiot. Le système glandulaire est responsable de la pigmentation du poil, de la peau, des yeux, du nez et des ongles.

Ce sont les glandes qui, en fonction des gènes, produiront un poil dont la couleur et la texture seront bonnes ou mauvaises.

En règle générale, nous pouvons affirmer qu'un chiot ayant sur la tête des poils dorés, visibles lorsque l'on écarte les poils noirs, bénéficiera, à l'âge adulte, d'une couleur pure des tans, d'une texture soyeuse, et qu'il sera bleu acier foncé.

De même, un chiot porteur d'une texture de poil drue et dont la couleur des tans est or et rouge éclatant sera à l'âge adulte :

– soit laineux ou cotonneux, avec des poils sur la tête (sur les côtés, entre les yeux et les oreilles) qui seront « charbonnés » par des poils gris ou noirs ;

– soit soyeux, avec les poils de la tête d'une couleur fauve doré très pâle mêlée de poils argentés ; tandis que le poil du manteau sera beaucoup trop gris clair.

Une bonne texture se reconnaît au toucher : elle est douce, fraîche et solide. La couleur est éclatante et métallique. À l'inverse, une mauvaise texture est rêche au toucher, la couleur est terne et ne reflète pas la lumière.

Annexes

> Champions nationaux de conformité au standard

1998

Juliane du Domaine de Monderlay, femelle à M. Mansuet.

L'Arkange du Trèfle à quatre feuilles, mâle à Mme Bosq.

Love Story de France D'Iela, à MM. Cassorlas et Carraro.

Little Bigman du Gué de l'Adour, à Mmes Jan-Consten.

1999

Léa du Domaine de Monderlay, femelle à Mme Jan.

Majestic's Monarch, mâle à Mme Jan.

Merry Poppins de La Pam'Pommeraie, femelle à Mme Chauveau.

Malango du Domaine de Monderlay, mâle à Mme Rouchier.

No Kiss des Milrols, femelle à M. Pomonti.

2000

Obsession de la Cour des Lords, femelle à M. Daniel.

Mozart de La Pam'Pommeraie, mâle à Mme Chauveau.

Durrer's Diamond Requiest, mâle à Mmes Jan-Consten.

Durrer's High Frequency, mâle à Mmes Jan-Consten.

> Champions internationaux de beauté

1998

Jordan de France d'Iela, mâle à MM. Cassorlas et Carraro.

Jouet extraordinaire du Gué de l'Adour, mâle à Mmes Jan-Consten.

Let it be de Penghibur, mâle à Mme Mouisson.

Lullaby de Penghibur, à Mme Ruffier.

Juliane du Domaine de Monderlay, femelle à M. Mansuet.

Jennifer de France d'Iela, femelle à MM. Cassorlas et Carraro.

Love Story de France d'Iela, à MM. Cassorlas et Carraro.

Parksides Valentino, mâle à Mme Incerti.

1999

Le Super mec du Gué de l'Adour, mâle à Mme Jan.

Honey Moon Lucky Lad, femelle à Mme Faude.

Je suis de France d'Iela, mâle à MM. Cassorlas et Carraro.

Majestic's Monarch, mâle à Mme Consten.

Matador du Domaine de Monderlay, mâle à M. Mansuet.

My Lucky Lad Sweety, mâle à M. Perrot.

Jasmina du Houlme, femelle à M. Perrot.

Marjorie de France d'Iela, femelle à MM. Cassorlas et Carraro.

Carasel's ever ready, mâle à Mme Nogueira.

Little star de l'Adorée Pénélope, femelle à Mme Nogueira.

Marquide du Puits Doré, femelle à Mme Bocq.

New order de France d'Iela, mâle à MM. Cassorlas et Carraro.

Merry Poppins de La Pam'Pommeraie, femelle à Mme Chauveau.

Mozart de La Pam'Pommeraie, mâle à Mme Chauveau.

Obsession Hunderwood (producteur : M. Bernard ; propriétaire : Mme Meucci).

2000

Joymason's Turbo Charged, mâle à Mme Coissard-Aubilly.

No Kiss des Milrols, femelle à M. Pomonti.

Melkior du Puy Doré, mâle à Mme Bosq.

Mahaut de Brunehaut, femelle à Mme Raynaud.

Madonna de France d'Iela, femelle à MM. Cassorlas et Carraro.

Malango du Domaine de Monderlay, mâle à M. Rouchier.

Miss Dior de France d'Iela, femelle à MM. Cassorlas et Carraro.

Mountie de Penghibur, mâle à M. Gérard.

Mélodie de l'Adorée Pénélope, femelle à Mme Nogueira.

Durrer's Steal Magnolia, femelle à M. Mansuet.

Hunderwood Norma Jean, femelle à M. Bernard.

2001

Muriel du Domaine de Monderlay, femelle à M. Mansuet.

Obsession de la Cour des Lords, femelle à Mme Daniel.

Ohila Zingara du Gué de l'Adour, femelle à Mme Consten.

Durrer's Diamond Request, mâle à Mme Consten.

Jin-jin du Domaine de Monderlay, mâle à M. Amorosini.

Once upon a time de France d'Iela, mâle à Mme Goudard.

Ono-Yoko du Domaine de Monderlay, mâle à Mme Mace-Rocon.

Orpheo de La Pam'Pommeraie, mâle à M. Monclin.

> Meilleurs de race - Grand prix pedigree

1998

Léa du Domaine de Monderlay, à Mmes Jan-Consten.

2000

Durrer's Diamond Request, à Mme Consten.

2001

Durrer's Diamond Request, à Mme Consten.

Ono-Yoko du Domaine de Monderlay (producteur : M. Mansuet ; propriétaires : M. Daniel et Mme Mace).

Adresses utiles

Fédération cynologique internationale (FCI)
Place Albert Ier, 13
B-6530 Thuin (Belgique)
Tél. : 003 32 71 59 12 38
Fax : 00 32 71 59 22 29
Site Web : http:/www.fci.be

Société centrale canine (SCC)
155, avenue Jean-Jaurès
93535 Aubervilliers cedex
Tél. : 01 49 37 54 00
Site Web : http:/www.scc.asso.fr

Club français du terrier du Yorkshire
Secrétariat : 1, rue Montespan
91000 Évry
Tél. : 06 10 51 68 61

Commission nationale d'éducation et d'agility (CNEA)
1, rue de Caussac
67610 La Wantzenau
Tél. : 03 88 96 22 10

Bibliographie

> Les revues

Atout Chien **(mensuel)**
Complexe industriel de La Hunière
78120 Sonchamp

Cynomag **(bimestriel)**
Complexe industriel de La Hunière
78120 Sonchamp

> Les livres

– Hubert M.-L., Klein J.-L., *Yorkshire,* éd. SAEP, 1999.

– Pesce, *Le Yorkshire,* éd. De Vecchi, 2000.

– Räber Hans (Dr), *Bréviaire de l'élevage moderne du chien,* éd. Haupt, 1987.
Cet ouvrage, écrit par un scientifique possédant une grande expérience de l'élevage des chiens, présente d'une manière accessible toutes les notions de génétique appliquée.

– Ranson J., *Le Yorkshire,* éd. Vigot, 1996.

– Rollinat C., de Wailly P., *Le Yorkshire,* éd. Solar, 1998.

– *Le Yorkshire terrier,* éd. Chantecler, 1999.

Ouvrages sur le yorkshire terrier en langue anglaise :

– Gordon Joan B., Bennett Janet E., *The Complete Yorkshire Terrier,* éd. Howell Book House, 1976.

– Huxam Mona, *The Yorkshire Terrier,* Pelham Books, 1976.

– Sameja Osman A., *The Yorkshire Terrier,* 1978.

– Swan Annie, *The Yorkshire Terrier,* 1958.

– Whitehead Hector F., *The Yorkshire Terrier,* 1979.